Sombre Séduction

La sombre vérité sur l'art de la séduction, et comment l'exploiter pour être heureux en amour, sexe et relations.

Emory Green

TABLE DES MATIÈRES

INTRODUCTION

Qu'est-ce que la séduction ? Les exemples sont nombreux et variés : l'homme politique qui attire les foules et ses partisans qui ont parfois l'air d'être envoûtés. Celui qui n'est pas conventionnellement attirant et qui est pourtant constamment accompagné de belles partenaires. L'orateur qui tient toute la salle en haleine. La femme que vous connaissez avec plusieurs enfants et qui a toujours réussi à trouver un homme pour s'occuper d'elle. L'homme dont vous parlez avec vos amis et qui semble avoir un amant différent chaque soir de la semaine. Vous avez peut-être été attirée par quelqu'un d'incroyablement séduisant, mais vous n'arrivez pas à comprendre pourquoi. Ou bien vous avez des amis qui ne semblent pas pouvoir résister à ces tentations dans la chair.

Le pouvoir de la séduction est indéniable. Et pourtant, il ne semble pas tout à fait acceptable dans une société polie. Lorsque le sujet est abordé, il est moralement ambigu. Bon ? Mauvais ? Quelque chose entre les deux ? Mais la séduction est une science et ne doit pas s'appuyer sur des opinions. La capacité à fasciner les autres n'est pas seulement un art, mais une science. Comprendre la nature humaine et la psychologie est la clé de l'apprentissage de la séduction. Tout le monde peut apprendre les trucs et astuces, à condition de maîtriser les bases. Toute personne qui lit ce livre peut utiliser les outils que je décris pour enchanter et influencer d'autres personnes. Plus important encore, elle peut apprendre à reconnaître quand quelqu'un essaie de la séduire. Ainsi, que vous appréciiez ou non le stratagème, vous comprendrez ce qui se passe.

La séduction comporte son lot de risques et de récompenses. Les récompenses d'une séduction réussie peuvent être incroyablement gratifiantes ! Mais il y a aussi des risques. Sachez que jouer à ce jeu a un coût. Le livre que vous tenez entre vos mains dévoile les secrets des avantages et des inconvénients de la séduction. Vous comprendrez ce qui se passe dans les coulisses des controverses actuelles sur la séduction, en plus des techniques que vous apprendrez pour attirer les autres ou pour vous défendre. Je discuterai également de l'art et de la science qui animent cette force en nous.

Laissez-moi être franc : Je ne suis pas un "artiste de la drague" ! Je suis un homme de science qui met en pratique les découvertes scientifiques. J'ai étudié la recherche et j'ai également étudié les personnes puissantes - les "alphas" - qui dirigent le monde. Ces personnes dirigent des entreprises de plusieurs millions de dollars et sont admirées par des millions de personnes qui veulent connaître leurs secrets. L'un de leurs avantages cachés est leur capacité à manier le pouvoir de séduction. Ils sont incroyablement magnétiques et les gens sont fortement attirés par eux. Ce n'est pas un accident. C'est le résultat de leur connaissance de la manière d'enchanter les gens.

Je voulais répandre cette connaissance au-delà de ces quelques alphas et en faire d'autres si vous le voulez bien ! Notez que les alphas ne sont pas exclusivement des hommes. Il y a beaucoup de femmes qui ont cette capacité, aussi. Les personnes avec qui j'ai déjà partagé ce savoir m'ont été incroyablement reconnaissantes de cette expérience. Elles m'ont dit combien d'opportunités se sont ouvertes à elles lorsqu'elles ont commencé à mettre en œuvre ces outils et combien d'opportunistes elles ont évité lorsqu'elles ont compris ce qui se passait ! Ils m'ont également remercié pour le monde merveilleux qui s'est ouvert à eux après que je leur ai expliqué les techniques de séduction. Ils ne sont plus ignorants de l'art et de la science qui se cachent derrière la magie du séducteur. Je suis ravi que les gens commencent à réaliser jusqu'où ils peuvent aller pour réaliser leurs rêves et leurs désirs lorsqu'ils commencent à utiliser les informations contenues dans ce livre.

Je me rends également compte, en diffusant ces connaissances, qu'elles aident les gens à mieux comprendre la nature humaine, une fois qu'ils ont compris qu'il n'existe pas de formule magique, mais seulement le levier des désirs humains. C'est le genre d'informations que les gens veulent savoir, mais dont personne ne veut parler. En lisant ce livre, vous posez les bases pour obtenir ce que vous voulez.

Les lecteurs sont souvent curieux de savoir comment la psychologie et la séduction fonctionnent ensemble. Vous avez peut-être lu un article sur "l'art de la séduction". Mais sans bagage scientifique, cette technique peut parfois vous sembler TROP puissante et trop puissante pour être laissée entre vos mains non formées ! Ou peut-être avez-vous des doutes quant à l'efficacité de cette méthode sans aucune recherche à l'appui. Ce livre vous montre à quel point la séduction est une force puissante, mais qui s'appuie sur la nature humaine et la psychologie, avec des données à l'appui. D'autres personnes qui ont absorbé ces informations ont trouvé le pouvoir en elles-mêmes, en comprenant leur nature et leur capacité à attirer ce qu'elles veulent de la vie et d'un partenaire.

Une fois que vous aurez lu ce livre, vous serez maître de votre pouvoir. Vous serez plus conscient de votre capacité à inciter les autres à faire ce que vous aimeriez qu'ils fassent. Vous comprendrez les désirs, les forces et les vulnérabilités de votre pouvoir et de celui des autres. Lorsque vous commencerez à utiliser les techniques que je décris dans ce livre, vous découvrirez que vous avez un avantage sur le succès et le bonheur. Davantage d'opportunités commenceront à se présenter à vous, pas seulement dans votre carrière ou dans la recherche de l'amour romantique, mais dans tous les aspects de votre vie.

En ce moment, les gens qui réussissent utilisent ces outils. Ce sont ceux qui ont un avantage. Voulez-vous que quelqu'un d'autre ramasse la vie ou le partenaire de vos rêves ? Ils ne savent peut-être même pas qu'ils vous attendent. Quelqu'un d'autre pourrait être en train de les charmer alors que vous êtes encore en train d'essayer de comprendre ce que vous voulez faire. Soyons honnêtes, il y a beaucoup d'autres personnes qui possèdent ces informations et qui vous traitent comme une proie parce que vous n'avez pas encore les outils nécessaires. Devenez plutôt le séducteur. Libérez le pouvoir de votre nature pour l'utiliser à bon escient. Comme vous le découvrirez plus loin dans ce livre, influencer les autres n'est pas forcément un acte de prédation ou de manipulation. Vous pouvez l'utiliser pour le plus grand bien, en plus de l'utiliser à votre avantage.

Découvrez les secrets de l'art de la séduction. Apprenez la science qui sous-tend la nature humaine et la psychologie humaine. Donnez-vous les moyens de choisir votre meilleure vie. Ce livre ne vous juge pas, vous et vos désirs. À ce stade, la seule personne qui peut vous empêcher de débloquer ce pouvoir, c'est vous.

Vous appréciez ce livre jusqu'à présent ? N'oubliez pas de vous rendre au bas de ce livre pour découvrir une ressource gratuite de taille réduite, mais précieuse, sur l'hypnose conversationnelle. Ce mini-livre électronique est le moyen le plus simple d'apprendre à devenir un hypnotiseur conversationnel efficace. Vous êtes curieux de voir les bénéfices que cela peut apporter à vos conversations quotidiennes ? Obtenez votre exemplaire dès maintenant ! Cette ressource gratuite n'est disponible que pour une durée limitée.

CHAPITRE UNE :

La vraie séduction

Quelle est la signification du mot "séduction" ? Les gens pensent souvent à ce pouvoir en relation avec le sexe. Un homme qui séduit les femmes peut être un "dragueur" ou un Roméo. Une femme qui séduit les hommes est une séductrice (tout comme une femme qui séduit d'autres femmes). Pensez aux autres façons dont vous avez entendu le mot "séduire" ou "séduction". Certains hommes politiques sont connus pour leur charisme et leur capacité à donner à leur interlocuteur l'impression d'être le seul dans la pièce. Vous avez peut-être entendu des orateurs populaires ou célèbres "séduire" leur public grâce à leur magnétisme. D'excellents re-présentants commerciaux sont parfois aussi connus pour "séduire" leurs prospects afin de les inciter à acheter.

Qu'ont-ils tous en commun ?

La séduction : Une définition simple

En regardant le dictionnaire, la nature ambiguë du mot est claire. Certaines significations sont négatives, mais d'autres sont positives.

1. Pour égarer... corrompre.
2. Pour persuader ou inciter à des rapports sexuels.
3. Pour conduire ou attirer loin, comme des principes...
4. Séduire, attirer, séduire[1].

Il est intéressant de noter que la racine latine du mot est beaucoup plus neutre. Il vient du latin *"se ducere"*, qui signifie "ils mènent". C'est

---

[1] https://www.dictionary.com/browse/seduce

vraiment ce qu'est la séduction : diriger. Naturellement, certaines formes de leadership sont mauvaises, d'autres sont bonnes, et d'autres encore sont neutres. Vous pouvez considérer la séduction comme le fait de diriger quelqu'un. Si vous voulez que l'autre personne fasse l'amour ou tombe amoureuse de vous, vous l'amenez à vous voir comme une personne attirante. Lorsque vous êtes sur scène, vous incitez le public à vous écouter et à vous trouver crédible. Si quelqu'un d'autre essaie de vous séduire, il essaie de vous amener à ce qu'il veut que vous fassiez.

Le paradoxe de la séduction

Ce type de pouvoir est intrinsèquement manipulateur. Cependant, la séduction n'est pas un acte de force. Ce n'est pas un viol, si on la considère dans le contexte de l'amour ou du sexe. Il s'agit d'un processus et, surtout, de persuasion, et non de violence physique ou de menaces. Il ne s'agit pas non plus d'une relation unilatérale, ce qui signifie que les deux parties sont consentantes, du moins à la fin. Cela peut ne pas commencer de cette façon. Le séducteur veut arriver à ses fins. Lorsque l'autre personne succombe, ce n'est pas parce qu'elle y a été forcée, que ce soit physiquement ou mentalement. Elle a succombé parce que le séducteur a rendu la perspective de céder si attrayante et si séduisante. Prenons l'exemple d'une femme vierge qui a été incitée à avoir des relations sexuelles avec un homme pour la première fois. Comme la séduction vise le côté sensuel de la nature humaine et non le côté logique et rationnel, elle peut très bien en venir à considérer la rencontre de manière négative. Cela peut se produire si elle considère que sa capitulation face à la séduction est faible, ou si elle se sent "utilisée" et négligée par la suite.

D'autre part, une personne qui est restée vierge, peut-être plus longtemps qu'elle ne l'aurait souhaité, peut se sentir libérée par le fait d'avoir été "prise". Une femme dont la culture considère le sexe comme sale ou mauvais peut ensuite se sentir soulagée d'avoir été prise. Elle peut aussi s'éveiller à son propre pouvoir féminin, dont elle n'avait peut-être pas conscience, ou dont on lui avait dit qu'elle ne le possédait pas.

"Le désir de l'homme est pour la femme, mais le désir de la femme est pour le désir de l'homme". - Madame de Stael

La séduction peut revêtir de nombreux visages, il est donc trop simpliste de suggérer que les résultats sont toujours négatifs pour celui qui est séduit. La séduction peut être agréable et aussi paradoxale : les effets peuvent être positifs et/ou négatifs. La vérité est que de nombreuses personnes veulent être séduites. Ils veulent se sentir spéciaux, tomber sous le charme, même pour un court instant, être appréciés et considérés comme dignes d'être séduits. En matière de sexe, l'excitation est l'une des expériences humaines les plus puissantes - la plupart d'entre nous en veulent davantage ! L'excitation de la séduction est l'anticipation de celle-ci. Pas l'aboutissement du désir, ni la réalisation de l'objectif. L'excitation vient du fait que l'on savoure le processus et que l'on étire la durée du jeu afin d'en profiter pleinement. L'anticipation est la clé du plaisir de nombreuses expériences, même des vacances. Le plaisir de penser à des vacances à venir peut parfois même dépasser le bonheur ressenti pendant le voyage lui-même ![2] De nombreuses personnes sont plus heureuses lorsqu'elles passent plus de temps à profiter de la période précédant les événements importants et amusants, à ralentir et à savourer le moment présent.

La différence entre séduction, persuasion et manipulation

Ces trois façons de communiquer pour influencer d'autres personnes sont étroitement liées, mais elles ne signifient pas toutes la même chose. Le mot ayant une connotation plus positive est "persuasion", qui est simplement une communication destinée à modifier le comportement d'une autre personne. La personne qui est persuadée ne subit aucun stress et elle est consciente de l'intention. Personne ne cache rien et les faits sont connus des deux parties. Les persuadeurs utilisent souvent des arguments

---

[2] https://www.psychologytoday.com/us/blog/shameless-woman/201207/the-power-seduction

logiques pour défendre leur cause. L'autre personne est libre de remettre en question les hypothèses. Si elle trouve que l'argument tient la route, il se peut qu'elle accepte les arguments avancés et change de comportement, comme l'espère le persuadeur.

Les publicités utilisent souvent des techniques bien connues pour persuader leur public d'acheter quelque chose. L'appel émotionnel, l'effet d'entraînement et d'autres méthodes sont courants. Le design et la couleur sont également utilisés pour créer des campagnes qui attireront les acheteurs. Si certaines de ces approches sont connues et comprises par le grand public, d'autres ne le sont pas. Cela nous amène aux deux autres domaines susmentionnés, où les deux parties ne sont pas équipées de la même manière pour faire face à la tentative d'influence.

Si la manipulation est intentionnelle, tout comme la persuasion, cette intention consiste en partie à tromper la personne manipulée. Des faits ou des connaissances sont cachés afin d'obtenir les résultats souhaités par le manipulateur. Vous pouvez parfois voir cela en personne, mais c'est également courant dans le marketing et les campagnes politiques, où le manipulateur essaie de donner peu pour recevoir beaucoup. La réciprocité est un moyen de manipulation bien connu[3] : celui qui manipule donne un petit quelque chose qui oblige le destinataire à faire ce qu'il veut.

Une campagne politique peut envoyer des badges ou des autocollants, afin que les destinataires se sentent obligés de faire un don à la campagne et peut-être de se porter volontaires sur le terrain. De nombreux groupes à but non lucratif envoient toutes sortes d'articles - sacs, calendriers, parapluies et t-shirts - pour obtenir des dons. Ils s'appuient sur une caractéristique de la nature humaine qui nous dit que si quelqu'un vous donne quelque chose, que vous l'ayez demandé ou non, vous êtes obligé de lui rendre la pareille.

---

[3] http://opinionsandperspectives.blogspot.com/2010/11/persuasion-manipulation-seduction-and.html

Les vendeurs manipulent souvent les acheteurs. Ils évaluent le pouvoir d'achat de l'acheteur et utilisent ensuite une technique ou une autre pour vendre quelque chose de plus cher. Vous vous êtes déjà senti manipulé dans une concession automobile ? Il y a une raison à cela ! La manipulation est temporaire car la personne manipulée ne fera plus confiance à l'autre. Les relations sont basées sur la confiance et la communication. Une fois que cela est rompu, les deux parties ne peuvent plus entretenir une relation. La persuasion et la séduction sont normalement des processus plus longs, car la manipulation ne fonctionne que sur une courte période de temps. Contrairement à l'utilisation logique de la persuasion, la manipulation est basée sur les émotions.

La séduction se situe quelque part entre la manipulation et la persuasion. Comme la manipulation, le séducteur joue sur les émotions de sa cible. Il n'est pas aussi ouvert que s'il essayait simplement de persuader l'autre de faire quelque chose. Il peut cacher ses véritables intentions. Par exemple, un Roméo peut faire croire à une femme qu'il lui propose une relation romantique, alors qu'en réalité, il ne veut qu'une relation sexuelle. Mais la tromperie est plus subtile et moins coercitive que dans le cas de la manipulation. Une promesse est faite à l'autre, tout comme dans le cas de la persuasion, mais cette promesse a plus de chances de ne pas être tenue dans le cas de la séduction.

Les publicités et les films sont particulièrement susceptibles de faire des promesses vides. Combien de fois avez-vous vu une publicité pour un aliment qui vous a donné tellement faim que vous avez dû l'acheter, pour finalement vous rendre compte que le produit ne ressemblait en rien à ce qui était montré à la télévision (c'est particulièrement vrai pour les fast-foods) et qu'il n'avait même pas un très bon goût. Ou peut-être avez-vous vu la bande-annonce d'un film qui avait l'air génial, mais le film lui-même n'était que médiocre ? Ces publicités et bandes-annonces étaient séduisantes, pas véridiques.

Techniques modernes de séduction

Les entreprises qui réussissent se concentrent sur la satisfaction du client. Les entreprises connues pour leur excellent service à la clientèle ou pour leur capacité à convertir les clients en clients ont toujours réussi à créer l'idée d'un monde idéal - un monde où il y a moins de problèmes, moins de douleur et plus de plaisir. L'être humain a tendance à avoir une aversion pour la perte, de sorte que l'évitement de la douleur est en fait plus important que la création de plus de plaisir. L'être humain a également tendance à être attiré par l'incertitude. Un homme qui rend son attirance évidente pour une femme est moins désirable qu'un homme qui envoie des signaux contradictoires. Ainsi, les hommes sont attirés par une "coquette" : une femme qui taquine, flirte et nie.[4]Ce type de séduction se distingue dans un monde où les gens sont souvent agressifs lorsqu'ils essaient de vous vendre ce qu'ils veulent. Cet "effet de rareté" donne également de bons résultats aux spécialistes du marketing. Le slogan "Agissez maintenant ou la prime disparaîtra" incite souvent les clients à agir. Alors que les médias de masse et la publicité travaillent ensemble pour séduire les consommateurs et les inciter à dépenser leur argent, il est important de se rappeler que les consommateurs réagissent à ces messages. Nous contribuons tous à la société dans laquelle nous vivons, non seulement en tant que consommateurs, mais aussi en tant qu'êtres humains à la recherche de partenaires romantiques.

Maintenant que les femmes ont leurs propres moyens de gagner leur vie, elles ne sont plus aussi dépendantes des hommes qu'il y a plusieurs générations. Les hommes doivent fournir une raison émotionnelle pour qu'une femme sorte avec eux et ait des relations sexuelles avec eux. Ils doivent séduire d'une manière qui n'était peut-être pas nécessaire il y a des siècles. Pendant longtemps, on a supposé que les femmes ne faisaient que "supporter" le sexe. Cela avait peut-être à voir avec le fait qu'elle devait se marier rapidement si elle voulait être prise en charge. Dans le monde moderne, nous savons que les femmes aiment le sexe, mais qu'il ne faut pas qu'elles en profitent trop, sous peine d'être traitées de salopes,

---

[4] https://coolcommunicator.com/social-seduction-creating-space-anticipation/

ou pire. Les femmes veulent être séduites et romantiques et se sentir attirantes et séduisantes. Taquiner, flirter et séduire une femme sont autant de moyens modernes pour un homme d'avoir la relation qu'il souhaite. Faire durer l'attente pour tous les deux rend la relation encore plus agréable. La clé ici est que la logique n'a rien à voir avec cela ! Il s'agit de jouer avec l'attrait émotionnel et c'est un jeu social, pas rationnel.

Résumé du chapitre

- La séduction vient du latin "ils mènent" et, selon le contexte, elle peut être considérée comme positive ou négative. Parfois les deux.
- Les gens veulent être séduits, que ce soit par un amant potentiel ou autre chose.
- La séduction en tant que technique d'influence est moins ouverte et plus émotionnelle que la persuasion, mais moins trompeuse que la manipulation.
- Les techniques de séduction modernes reconnaissent que nous en savons plus que jamais sur la nature humaine.
- Puisque les femmes peuvent vivre de manière indépendante comme elles ne le pouvaient pas auparavant, les hommes qui cherchent une femme doivent utiliser des techniques de séduction s'ils veulent une relation romantique/sexuelle avec une femme.

Dans le chapitre suivant, vous découvrirez l'histoire et le contexte psychologique des séducteurs sexuels, y compris les plus célèbres.

CHAPITRE DEUX :

Les noms et les visages de la séduction

Lorsqu'on parle de séduction romantique et sexuelle, nombreux sont ceux qui nous ont précédés. À travers les âges, des hommes et des femmes ont compris comment utiliser la nature humaine pour influencer les autres et obtenir ce qu'ils veulent. Il existe différents types de séducteurs et ils ont des traits de caractère similaires. Vous trouverez probablement utile d'apprendre de ceux qui ont maîtrisé les techniques de séduction.

Séducteurs célèbres dans l'histoire

Vous avez probablement entendu parler de Giacomo Casanova, car de nombreux séducteurs masculins sont communément appelés "Casanovas". C'était un Vénitien qui aimait aimer les femmes en difficulté. Il résolvait son problème et lui offrait de petits cadeaux avant de l'attirer dans son lit. Puis, il s'ennuyait et partait. Ça vous semble familier, non ? Remarquez comment il commençait la séduction, une fois qu'il avait choisi sa cible : il la sortait de la difficulté dans laquelle elle se trouvait. En d'autres termes, il était le "chevalier blanc" qui venait à son secours.

Un autre séducteur masculin bien connu était l'Anglais Lord Byron. Poète et soldat, c'était un homme d'action qui savait écrire et qui était un véritable aimant pour les femmes (et les hommes aussi). La star de cinéma Errol Flynn s'est battu avec les meilleurs d'entre eux. Même les accusations de détournement de mineure n'ont pas entaché sa réputation, même si cela aurait pu être différent s'il avait fait la fête aujourd'hui.

Le célèbre joueur de basket-ball Wilt Chamberlain a affirmé avoir couché avec plus de 20 000 femmes. Ces chiffres semblent mathématiquement suspects, étant donné qu'il aurait dû avoir huit femmes différentes chaque semaine après ses 16 ans. Les femmes qu'il a draguées ont remarqué que, bien qu'il ait confiance en lui (le fait d'être un homme riche de 2 mètres n'a probablement pas fait de mal), il les respectait quand même. Plus récemment, Jack Nicholson et Russell Brand, tous deux artistes, sont connus pour avoir maîtrisé les techniques de séduction. Nicholson est célèbre pour son attitude de mauvais garçon et la lueur qui brille dans ses yeux. Russell Brand est plus connu pour son esprit et son charme... et ses cheveux !

Le club auquel appartiennent les séductrices célèbres n'est en aucun cas une institution exclusivement masculine. Cléopâtre, le dernier pharaon d'Égypte, a joué les coquettes. Elle a utilisé Marc-Antoine et Jules César pour exercer sa "magie". Catherine la Grande de Russie utilisait ses liaisons différemment. Après s'être lassée de ses amants, elle leur donnait de bons postes dans son gouvernement. Et dans le cas de son ancien amant Potemkin, ils l'aidaient à se procurer de nouveaux amants qui répondaient à ses critères d'intelligence et de performance au lit.

L'essor des communautés de séduction

Dans le jeu de la séduction, lorsqu'on pense aux hommes qui séduisent les femmes, les hommes ont toujours eu besoin de se démarquer de la foule et de faire en sorte que la femme se sente spéciale, puis de gagner sa confiance et enfin une place dans son lit. Nombreux sont les hommes qui rêvent de passer du stade où ils se distinguent dans la foule à celui où ils se retrouvent dans leur lit, sans tout ce travail au milieu.

En Écosse, dans les années 1600, on croyait qu'il existait un mot secret qu'un homme pouvait murmurer à l'oreille d'une femme pour la mettre dans son lit sans avoir à la conquérir. Ce mot était protégé par un ordre secret d'hommes qui entraînaient les chevaux. Cette société, connue sous le nom de "Mot du cavalier", gardait également les rituels agraires qui impliquaient le mot magique, que l'on pensait avoir été fourni par Old Scratch lui-même.[5] Le mot faisait s'arrêter les chevaux jusqu'à ce que le cavalier les libère de leur sort et il rendait également les femmes impuissantes face à un séducteur. En fait, les filles non mariées qui étaient fécondées par des cavaliers n'étaient pas méprisées, car le pouvoir du diable dans le mot les rendait impuissantes. En d'autres termes, ce n'était pas sa faute si le mot avait été utilisé contre elle.

La société était comme un syndicat protégeant les cavaliers. Les meilleurs de ces entraîneurs de chevaux bénéficiaient d'avantages particuliers : le mot qui domine les chevaux et les femmes et un salaire plus élevé. Elle se comportait également comme les francs-maçons, avec des poignées de main secrètes et autres. Une fois que les propriétaires terriens ont utilisé des tracteurs à la place des chevaux, le Mot du cavalier a été absorbé par les temples maçonniques. Il s'avère, du moins selon des membres plus modernes de la société, que le pouvoir ne venait pas tant d'un mot que d'un puissant mélange d'huiles et d'herbes qui attirait à la fois les femmes et les chevaux.

Aux XXe et XXIe siècles, les séducteurs ont commencé à former des communautés, notamment par le biais d'Internet. Au début, les jeunes hommes devaient surtout compter sur leurs pairs (qui en savaient généralement aussi peu qu'eux) ou, s'ils avaient de la chance, sur des mentors masculins plus âgés pour obtenir des informations sur la manière de sortir avec une femme et de la trouver. Les informations sont devenues plus accessibles avec l'apparition de magazines comme Playboy, qui faisaient la publicité de livres tels que le classique des années 1970 "How to Pick Up Women" d'Eric Weber.[6] C'est peut-être de là que vient l'expression "artiste de la drague".

Cependant, lorsque la crise du sida a éclaté dans les années 1980, les conseils ont été réorientés vers la sécurité lors des rapports sexuels. Les années 1990 et Oprah ont permis de mettre en avant les besoins sexuels

---

[5] https://www.ancient-origins.net/history/enchanted-sex-word-scotland-s-secret-seduction-society-008114

[6] https://historycooperative.org/the-history-of-the-seduction-community/

des femmes. Au tournant du siècle, avec l'essor d'Internet, les communautés permettant aux hommes d'apprendre l'art de la séduction ont commencé à fleurir. Des mystères de la programmation neurolinguistique (PNL), qui est essentiellement la même chose que l'hypnose, à la "négation", les hommes enseignent à d'autres hommes des techniques plus modernes, ou du moins actualisées. Négliger une femme, c'est lui faire un compliment à l'envers, comme lui dire qu'elle est "mignonne - comme ma petite sœur morveuse".[7] Cette méthode était destinée aux femmes belles, glamour et sûres d'elles, afin de piquer leur intérêt au lieu de les flatter comme le font tant d'hommes. Malheureusement, entre de mauvaises mains, la technique pouvait développer des effets pervers. Les hommes l'utilisaient sur les femmes peu sûres d'elles ou celles qui n'étaient pas conventionnellement attirantes, provoquant des chagrins d'amour et des dégâts, au lieu de laisser la place au jeu de la séduction.

Les forums de discussion sur Internet sont devenus un lieu où les hommes pouvaient se rassembler anonymement et partager leurs théories de séduction. Ils ont pu partager des histoires sur ce qui a marché et ce qui n'a pas marché, d'un point de vue strictement masculin et sans se soucier des valeurs familiales. L'un de ces hommes était connu sous le nom de "Mystery", célèbre pour porter un chapeau haut de forme et un boa en plumes. Il appelait cela le "peacocking", c'est-à-dire le fait de déployer un magnifique spectacle pour attirer une femelle de l'espèce. Il faisait également des tours de magie pour séduire les jeunes femmes. Les jeunes hommes l'imitaient dans son image d'"artiste de la drague". Les hommes étaient si nombreux à être membres de la "Communauté" en ligne qu'un homme du nom de Neil Strauss a fini par écrire un livre sur le mouvement, intitulé "The Game : Penetrating the Secret Society of Pick-Up Artists". Le livre et une émission de télévision sur VH1 ont rendu l'art du pick-up encore plus populaire, au point que la plupart des jeunes hommes en ont entendu parler. Certains l'ont rejeté, mais d'autres l'ont étudié de près pour trouver les secrets de la séduction des femmes.

---

[7] https://historycooperative.org/the-history-of-the-seduction-community/

Profitant de sa popularité, des hommes qui se qualifiaient de gourous du jeu pouvaient débarquer dans la rue et prétendre être des experts. Livres, CD, séminaires et camps d'entraînement ont inondé le marché. Des groupes d'hommes ont commencé à sortir et à draguer des femmes pour tester leurs techniques. Pour battre la concurrence, certains membres de la communauté ont commencé à se concentrer sur la psychologie du jeu et sur la façon dont les jeunes hommes se mettent en travers de leur propre chemin à cause de leurs blocages intérieurs. Actuellement, la communauté se préoccupe davantage de la forme physique et mentale afin de devenir une cible séduisante pour les femmes, plutôt que d'essayer de draguer les femmes en groupe.

Il existe désormais de nombreuses communautés sur Internet qui fournissent des conseils en matière de rencontres. Elles semblent moins axées sur les gourous et les avis d'experts que sur le crowdsourcing de conseils. Dans de nombreux cas, les tactiques sont davantage axées sur la séduction et moins sur la manipulation pure et simple, un piège dans lequel tombent souvent les artistes de la drague.

La triade noire des séducteurs

Comme mentionné dans l'introduction, il existe une science derrière l'art de la séduction. Dans les exemples ci-dessus, les hommes se sont surtout appuyés sur l'art. Les ragots, ce qui a été transmis par d'autres hommes, les exemples donnés par d'autres séducteurs, et ainsi de suite. La science a identifié trois traits psychologiques que l'on retrouve souvent chez les séducteurs à succès, connus sous le nom de Triade noire. Ces trois traits sont le narcissisme, la psychopathie et le machiavélisme.

Quels sont exactement ces traits de caractère ? Le narcissisme se manifeste par la domination, une vision grandiose de soi et un sentiment d'être dans son bon droit. Il a été démontré que ce trait de caractère est principalement masculin et qu'il existe dans toutes sortes de cultures.[8]

---

[8] https://scottbarrykaufman.com/wp-content/uploads/2013/09/The-Dark-Triad-Person-ality.pdf

Un narcissique trouve facile d'attirer quelqu'un dans son lit et de le mettre dehors peu de temps après le rapport sexuel. Cela fonctionne bien pour le sexe occasionnel, qui a des conséquences négatives plus importantes pour les femmes (grossesse, slut-shaming), de sorte que les hommes sont également plus susceptibles d'être intéressés par le sexe occasionnel que les femmes. Comme les narcissiques ont tendance à faire étalage de leurs ressources plus que les autres hommes, ils sont parfois plus attirants pour les femmes.

Les hommes ont également tendance à avoir des impulsions machiavéliques plus élevées que les femmes. Ce trait de caractère implique d'être fourbe, manipulateur et peu sincère. Ils sont connus pour faire semblant d'être amoureux afin d'obtenir le sexe occasionnel qu'ils désirent - ce trait de caractère est également propice au sexe occasionnel, tout comme la psychopathie, où les gens sont insensibles, manquent d'empathie et peuvent être hostiles aux autres. À cela s'ajoute un charme superficiel et les personnes présentant cette caractéristique ont tendance à avoir de nombreux partenaires sexuels et à être jugées plus attirantes, non seulement par elles-mêmes, mais aussi par les femmes. Là encore, cette caractéristique est plus fréquente chez les hommes que chez les femmes. La triade noire semble favoriser ce que les scientifiques appellent "l'accouplement à court terme". Pour le reste d'entre nous, il s'agit de sexe occasionnel. La question qui se pose alors est la suivante : pourquoi les femmes choisissent-elles des hommes présentant la triade noire ou même l'un de ces traits de personnalité ? La théorie psychologique de l'évolution affirme que les femmes, qui doivent être plus sélectives sexuellement que les hommes en raison du coût plus élevé du sexe pour elles, ont certains traits qu'elles recherchent chez un homme. Elles ont tout intérêt à choisir un homme dominant, car ces hommes peuvent généralement obtenir davantage de ressources pour la famille. Les hommes dominants sont généralement confiants et sûrs d'eux. Les attributs de la Triade noire créent l'illusion pour les femmes que l'homme est socialement dominant, qu'il le soit réellement ou non. Un homme antisocial paraît fort et masculin, un psychopathe paraît confiant et les hommes agressifs ont tendance à paraître dominants. Les hommes agressifs ont tendance à être perçus comme dominants. Un homme qui a une image grandiose de lui-même est perçu comme ambitieux et déterminé, ce qui est également le cas des hommes dominants. Quelqu'un qui se situe en haut de l'échelle machiavélique a tendance à accumuler du pouvoir et à le comprendre presque intuitivement, ce qui peut suggérer à la femme observatrice qu'il est lui-même puissant.

Plus tôt, j'ai parlé de laisser une certaine incertitude comme une herbe à chat pour un partenaire sexuel potentiel. Les hommes qui ont un score élevé dans les traits de la Triade noire ont tendance à ne pas se soucier de ce que les autres pensent d'eux, ce qui est une technique qui attire l'attention des séducteurs. Ce petit frisson de danger rend le jeu de la séduction encore plus excitant pour celui qui est séduit.

Pouvez-vous penser à quelqu'un que vous connaissez qui est un bon exemple de la Triade noire ? Je vais t'en donner un : James Bond. Il est toujours en train de séduire une nouvelle maîtresse et il ne reste pas dans les parages après. Les femmes du film tombent dans le panneau à chaque fois, mais ce n'est pas si éloigné de la vie réelle !

Il a été démontré que le narcissisme a un taux de fréquentation plus élevé que les autres caractéristiques de la triade.[9] Le charme et l'attention qui vont de pair avec ce trait de caractère tendent à être plus attrayants pour les femmes, par rapport au machiavélisme ou à la psychopathie. Ces caractéristiques peuvent aider les hommes à prendre de l'avance au travail, et pas seulement dans le jeu de l'accouplement. Les caractéristiques de la triade noire sont également liées à l'ouverture à de nouvelles expériences, à une haute estime de soi et à la curiosité, qui sont également des caractéristiques attrayantes dans la salle de réunion. En outre, la triade a tendance à renforcer la compétitivité. Un classement élevé dans les caractéristiques entourant la psychopathie et le machiavélisme effraie les concurrents potentiels et attire les supérieurs. [10]

---

[9] https://www.sciencedirect.com/science/article/abs/pii/S0191886913006582

[10] https://hbr.org/2015/11/why-bad-guys-win-at-work

Cependant, bien que ces comportements soient à l'avantage d'un individu, ils causent du tort à l'organisation. Les employés de la triade noire surfent sur les traces d'autres employés. Ils sont plus susceptibles de voler l'entreprise, de la saboter et de ne pas se présenter lorsqu'ils n'en ont pas envie. Bien qu'ils puissent avoir du succès personnel, leurs performances professionnelles réelles sont médiocres. Les supérieurs qu'ils ont séduits en cours de route ignorent leur manque de productivité.

Si vous n'êtes pas psychotique, certains aspects des attributs de la Triade noire peuvent en fait être utilisés pour le bien de tous. Les dirigeants doivent prendre des décisions impopulaires, il est donc préférable que vous ne vous souciiez pas trop de ce que pensent les autres. Les forces spéciales et autres escouades d'élite doivent cesser d'appuyer sur la gâchette et de tuer quelqu'un d'autre, de peur d'être eux-mêmes tués. Les chirurgiens doivent se détacher émotionnellement du fait qu'ils coupent dans le corps d'une autre personne afin de pouvoir le faire avec succès. Les traits modérés de la Triade noire peuvent également profiter à une organisation. Ceux qui ont un niveau intermédiaire de machiavélisme sont souvent de bons employés, car ils sont doués pour le réseautage et la gestion. Les chefs militaires qui parviennent à tirer parti du côté positif du narcissisme (égoïsme et haute estime de soi), tout en modérant leur pouvoir de manipulation, sont souvent très efficaces. En d'autres termes, de faibles doses d'attributs de la Triade noire peuvent être bénéfiques ! Si on en abuse, on en voit le côté sombre.

Mâles alpha et femelles alpha

D'où vient le concept de "mâle alpha" en premier lieu ? L'origine de ce terme provient de l'étude des animaux, où un mâle alpha est littéralement le chef de la meute. Dans ce type de groupes animaux hiérarchisés, les mâles alpha ont un statut élevé et ont accès à davantage de ressources que les autres mâles. En général, pour déterminer quel membre d'un groupe animal est l'alpha, il suffit d'observer les mâles lorsqu'ils se battent entre eux. Le vainqueur devient l'alpha et peut choisir la femelle qu'il veut. Il est en position de force.

Les hommes humains en position de pouvoir sont connus pour exploiter les femmes à leur profit. Ils le font parce qu'ils le peuvent et qu'ils sont en position de le faire. Cependant, tous les alphas ne sont pas des hommes. Certains sont des femmes. Elles sont talentueuses, ambitieuses et motivées. Une femme alpha est confiante et croit (comme ses homologues masculins) que son potentiel de réussite est sans limites. Elles sont capables de réguler leurs émotions car elles ont un QE ou une intelligence émotionnelle. Cela leur permet de faciliter les interactions sociales et professionnelles. Dans le cadre de leur QE, elles peuvent donner le ton pour que d'autres femmes aient de bonnes discussions sans être la proie de la médisance et des ragots. Elles ont un profond désir d'apprendre davantage et de devenir des expertes dans leurs domaines de prédilection. Connue pour sa force mentale et physique, la femme alpha est non seulement sollicitée, mais elle n'hésite pas à demander de l'aide quand elle en a besoin. Elle a tendance à être issue d'une famille solide, ce qui lui permet de s'aventurer plus facilement dans de nouvelles expériences. Il ne peut y avoir qu'une seule femme alpha, mais pour qu'une organisation fonctionne bien, il devrait y en avoir une (au lieu d'aucune).

Cependant, les hommes ne peuvent pas être divisés en deux catégories, les alphas et les bêtas, comme le voudraient la culture pop et les études antérieures sur le mâle alpha ! En l'absence de contexte, les femmes ne trouvent pas les hommes dominateurs ou les hommes soumis attrayants, ce qui suggère qu'il y a plus d'une façon d'attirer les femmes.[11] Lorsque la dominance devient agressive, c'est un repoussoir. Mais lorsque dominant signifie confiant et affirmé, les femmes sont attirées. Les femmes ne voient pas d'inconvénient à ce que les hommes dominants soient en compétition les uns avec les autres, mais elles ne sont pas attirées par les hommes qui pourraient devenir agressifs avec elles. En fait, les femmes préfèrent les hommes dominants lorsqu'ils sont agréables et non narcissiques.

Chez les humains, ce n'est pas toujours une question de force physique. Les hommes peuvent devenir sexuellement désirables lorsqu'ils

---

[11] https://greatergood.berkeley.edu/article/item/the_myth_of_the_alpha_male

acquièrent du prestige, ce qui peut passer par des canaux sociaux. Les performances réelles sont un facteur d'estime de soi authentique, ce qui est une caractéristique attrayante. Le statut d'alpha dépend également du contexte : le PDG d'une grande entreprise multinationale ne sera plus l'alpha dans la population générale d'une prison.

Si la domination peut être souhaitable dans un environnement dur ou extrême, le prestige permet aux hommes de disposer de plus de ressources dans plus de situations, ce qui est plus attrayant que quelqu'un qui utilise la coercition et la force dans la société "polie". Un alpha avec du prestige est non seulement considéré comme plus fort, mais aussi plus moral et plus compétent socialement. Un alpha qui est "simplement" dominant peut être considéré comme fort, mais pas comme éthique ou compétent. [12]

Les neuf types de séducteurs

Maintenant que vous avez une connaissance de la psychologie et de l'histoire des séducteurs, hommes et femmes, vous voudrez peut-être comprendre les différents modes opératoires des séducteurs. Peut-être l'une d'entre elles résonnera-t-elle en vous. Ou peut-être que vous comprendrez un peu mieux le séducteur dans votre vie.

Râteau

Ce séducteur est animé par sa libido. Les femmes sont charmées par son désir intense. Elles ne sont pas sur la défensive en sa présence car il ne semble rien leur cacher. L'attention et la passion du Rake semblent dévorantes. Beaucoup de femmes ignorent les signaux d'alarme car il ne semble pas calculateur. Les mots sont son arme. Les femmes trouvent les hommes doués pour les jeux de mots séduisants, et le Rake en profite pour en tirer le maximum lorsqu'il est à sa poursuite. Il ne s'attarde pas

---

[12] https://greatergood.berkeley.edu/article/item/the_myth_of_the_alpha_male

longtemps et le mariage n'est certainement pas ce qu'il envisage pour lui. Lord Byron et Errol Flynn étaient tous deux des Rake.

Amoureux idéal

L'amant idéal peut être un homme ou une femme. Dans tous les cas, il reflète le fantasme de la personne qu'il tente de séduire. Casanova est devenu le chevalier blanc que les femmes qu'il poursuivait voulaient. Il étudiait une femme pendant qu'il la poursuivait, découvrant ce qu'elle voulait, puis le lui donnait, sauf, bien sûr, si elle voulait se marier.

Madame de Pompadour a commencé dans la vie comme une femme de la classe moyenne, mais elle a séduit le roi Louis XV de France en étant ce qu'il voulait chez une maîtresse. Elle ne lui permettait jamais de s'ennuyer, ce qui était exactement ce qu'il voulait.

Il est intéressant de noter que le fait d'être un Amoureux idéal ne fonctionne pas seulement dans le domaine de la romance : les hommes politiques en profitent lorsqu'ils reflètent ce que l'électorat veut, comme dans le cas du président John F. Kennedy.

Dandy

Beaucoup d'entre nous ressentent le besoin d'obéir à des rôles de genre - masculin et aux cheveux courts pour les hommes, féminin aux cheveux longs pour les femmes. Nous avons tendance à être intrigués par ceux qui sont plus fluides, ou qui se présentent différemment de leur genre. Un dandy féminin est un homme qui fait souvent plus attention à ses vêtements, ses cheveux et sa silhouette que la plupart des hommes, mais qui a toujours quelque chose en lui qui semble dangereux - ce qui est très attirant pour les femmes !

Rudolph Valentino s'habillait de robes flottantes et portait beaucoup de maquillage pour son rôle dans le film "Le Cheik", et pourtant, les femmes l'aimaient parce qu'il était toujours un peu dangereux. Être un Dandy, ce n'est pas seulement être efféminé car, sans une touche de menace, ce n'est pas séduisant pour les femmes. De même, un Dandy masculin crée de l'excitation et de la confusion pour ses amants potentiels. George Sand était une femme bien connue qui portait des vêtements d'homme de manière exagérée.

Qu'il s'agisse d'un homme ou d'une femme, le Dandy ne pense qu'au plaisir de vivre, notamment en mangeant des plats délicieux et en vivant avec de beaux objets.

Charmeur

Pour être un charmeur, tout ce que vous devez faire est de détourner l'attention de vous-même vers votre cible. Faites en sorte que la personne avec laquelle vous êtes se sente mieux dans sa peau parce que vous ne la disputez pas ou ne l'embêtez pas. Plus vous le faites, plus vous avez de pouvoir sur elle. Malheureusement pour certains d'entre vous, ce type est le séducteur sans sexe ! Il y a toujours une tension sexuelle, mais elle n'est pas résolue. Les charmeurs flattent l'estime de soi et la vanité des autres. S'il y a un quelconque désagrément, le charmeur reste imperturbable.

Catherine la Grande, arrivée en Russie en tant que jeune princesse allemande, attend son heure. Elle a charmé la cour en agissant comme si elle n'était pas du tout intéressée par le pouvoir. Pamela Churchill (qui était alors mariée au fils de Winston Churchill) courtisait le riche veuf Averell Harriman. Bien qu'au début, les hôtesses de Washington D.C. se méfient d'elle, elle les charme aussi. Elle est ensuite devenue une hôtesse et une philanthrope réputée.

Benjamin Disraeli a charmé la reine Victoria lorsqu'il était Premier ministre. Il lui envoie des copies de rapports et lui fait d'autres concessions. En réponse, elle l'a fait comte. Il a compris que son extérieur sobre cachait le cœur d'une femme qui voulait un peu de séduction dans sa vie.

Les charmeurs séduisent en ne parlant pas beaucoup d'eux-mêmes. Ils savent où se concentrer : sur leur cible, et ils le font subtilement. Ce n'est pas la lumière crue et éblouissante de l'attention, mais plutôt une lueur agréable qui fait que l'autre personne se sent chaleureuse et spéciale.

Charismatique

Ce séducteur possède une qualité intérieure qui crée une présence intense. Il s'agit souvent d'une intense confiance en soi, mais cela peut aussi être de l'audace ou une sérénité intérieure. Il en laisse la source mystérieuse, mais les gens sont attirés par la façon dont cette qualité se manifeste. Ce sont des leaders, souvent des leaders de masse, et leurs cibles veulent être dirigées. Les charismatiques jouent avec la sexualité refoulée, mais leur attrait est en fait quasi-religieux. Leurs victimes voient leur qualité extraordinaire, quelle qu'elle soit, comme un signe de Dieu. Sinon, comment pourraient-ils l'avoir et être si différents des autres ?

Un Charismatique a tendance à être théâtral et à jouer avec le langage. Ils ne semblent pas tout à fait sûrs, mais appellent à l'aventure et à l'excitation. Les visions intenses de Jeanne d'Arc ont fait d'elle une charismatique. Raspoutine a séduit la Russie du début du XIXe siècle, en particulier le tsar Alexandre et sa femme la tsarine. Il n'a jamais essayé de minimiser ses contradictions, ce que la cour (hautement artificielle) trouvait tout à fait séduisant. Elvis Presley avait quelques démons et lorsqu'ils ressortaient dans sa musique, ils faisaient preuve d'un pouvoir sexuel. Il avait un bégaiement qui ne disparaissait que lorsqu'il se produisait.

Un bon exemple de charismatique politique est le communiste russe Lénine. Il était non seulement incroyablement confiant, mais aussi déterminé et organisé dans son travail. Il enthousiasmait les travailleurs pour la révolution. La star de la radio argentine Eva Duarte a épousé Juan Peron, qui était alors élu président. Bien qu'elle soit passée des feuilletons aux discours plus sérieux, elle a touché tous ceux qui l'écoutaient. Un autre charismatique qui était un maître du langage était Malcolm X. Il a aidé une partie de la société longtemps opprimée à libérer ses émotions par ses discours et ses actions.

Le succès d'un charismatique dépend de son succès. Si le public croit que vous êtes en train de perdre, il se retournera contre vous.

Naturel

Certaines personnes se laissent facilement séduire par un amant ayant l'espièglerie d'un enfant. L'âge adulte peut être extrêmement artificiel, sans jamais dire ce que l'on a envie de dire à son patron ou à ses amis. Le naturel chez un adulte est séduisant. Un séducteur naturel conserve l'esprit d'enfance, mais lorsqu'il calcule qui et comment séduire, il est très adulte.

Charlie Chaplin a découvert qu'il était séduisant pour un grand nombre de femmes en jouant sur sa faiblesse. Il faisait en sorte que les gens se sentent à la fois compatissants et supérieurs à lui, ce qui est une position incroyablement séduisante. Joséphine Baker a pris Paris d'assaut. Elle a refusé d'être loyale à un club, créant un espace pour que les managers puissent la chasser. Parce qu'elle jouait ses rôles avec tant de légèreté, les Parisiens ne se sont jamais lassés d'elle.

Étoile

Bien que nos vies ne soient plus méchantes, brutales et courtes, elles peuvent encore être assez dures ! L'Étoile donne envie de les observer, même si personne ne peut s'en approcher. Elle nous permet d'imaginer la vie fantastique qu'elle doit mener, tout en gardant ses distances.

JFK laissait l'Amérique deviner ce qui se cachait derrière ses yeux et son sourire. Son effet était délibéré, pas accidentel. Marlene Dietrich était célèbre pour la froideur qui recouvrait sa beauté et son visage était un masque vierge sur lequel les réalisateurs pouvaient projeter ce qu'ils voulaient.

Une étoile apparaît comme un mythe ou un rêve devenu réalité. Ils évitent les réponses directes et les apparences trop réelles. Elles permettent à leurs fans de savoir quelque chose sur elles, ce qui, paradoxalement, leur donne envie d'en savoir plus. Mais une vraie star ne laisse personne tout savoir d'elle, car une partie de son attrait réside dans le fantasme que les autres projettent sur elle.

Sirène

Ce type est normalement une femme - une sirène est une séductrice. Elle tire son nom des déesses dont le chant était si doux qu'il faisait s'écraser les marins sur les rivages rocheux. C'est une femme qui aime le sexe et l'utilise pour obtenir ce qu'elle veut.

Cléopâtre est un exemple célèbre de ce type. Les sirènes offrent un aspect théâtral et dramatique qui captive les hommes. Elles incarnent le fantasme d'un homme et il n'est pas nécessaire d'être conventionnellement attirant pour qu'un homme soit sous le charme d'une sirène. Marilyn Monroe est un autre exemple. Elle a appris à être plus séduisante pour les hommes et elle a réussi. Sa voix haletante leur donnait envie de se rapprocher d'elle pour l'écouter. Sa touche de vulnérabilité, qui correspondait pour elle à un besoin d'affection, attirait les hommes vers elle.

Une sirène offre un peu de danger avec son plaisir, ce qui est extrêmement séduisant.

Coquette

Ce séducteur est le maître (ou la maîtresse) de la taquinerie, de la promesse mais jamais de la satisfaction totale. Il fait attendre son amant jusqu'à ce qu'il soit prêt et retarde la satisfaction aussi longtemps qu'il le souhaite.

"...[N]ous ne sommes vraiment excités que par ce qui nous est refusé, par ce que nous ne pouvons pas posséder en totalité."
- Robert Greene

Joséphine a tour à tour amadoué Napoléon Bonaparte et l'a renvoyé sans le voir, ce qui l'a à la fois rendu furieux et excité. Warhol est devenu célèbre lorsqu'il a cessé de supplier les gens de le remarquer et qu'il s'est retiré des autres. Les coquettes ne sont pas jalouses elles-mêmes, mais incitent à la jalousie en accordant de l'attention à un tiers, ce qui rend leur cible folle de désir. C'est également très efficace sur un groupe, comme l'ont démontré les dictateurs Mao Zedong et Josef Tito.

Pour séduire, il faut avoir une certaine estime de soi et une certaine confiance en soi. Si vous manquez d'assurance et êtes trop vulnérable, cela vous rebute. Il y a un peu de tension sexuelle à la base de chaque type de séduction, plus prononcée dans certains cas et moins dans d'autres. Pour pouvoir séduire un autre être humain, il faut l'observer de suffisamment près pour pouvoir jouer sur ses émotions et ses faiblesses.

Résumé du chapitre

- Il y a eu toutes sortes de séducteurs à travers l'histoire et étudier comment ils ont pu attirer les autres peut aider ceux qui cherchent à devenir eux-mêmes des séducteurs.
- Les communautés de la séduction vont et viennent au gré de l'air du temps et se concentrent actuellement sur le fait que le séducteur doit devenir plus attrayant pour ses amants potentiels.
- La triade noire de la séduction comprend le narcissisme, le machiavélisme et la psychopathie. Les expressions modérées de ces traits sont plus bénéfiques que les expressions fortes.
- Bien que nous parlions généralement des mâles alpha, il existe également des femmes alpha, bien que leurs caractéristiques soient souvent différentes de celles de leurs homologues masculins.
- Toute personne désireuse d'améliorer son jeu de séduction peut examiner les neuf archétypes de séducteurs et s'en inspirer.

Dans le prochain chapitre, nous aborderons les éléments nécessaires à une séduction réussie.

CHAPITRE TROIS :

Les éléments de la séduction

Décortiquons un peu plus l'art de la séduction. Vous n'êtes probablement pas fasciné par toutes les personnes que vous rencontrez car tout le monde n'a pas ce petit quelque chose qui est nécessaire pour être séduisant. Si vous êtes fasciné par toutes les personnes que vous rencontrez, c'est une autre histoire ! Lorsque vous êtes facilement séduit, les gens ont plus de pouvoir sur vous qu'ils ne le devraient. Reconnaître ce que fait un Rake, par exemple, vous aidera à éviter d'être aussi rapidement placé sous le charme d'une autre personne.

Qu'est-ce que les séducteurs ont que les autres n'ont pas ?

Nous pouvons en fait définir ce "petit quelque chose". Comme nous l'avons vu au chapitre 2, les différents types de séducteurs ont des comportements très variés, mais ils tendent à avoir certaines qualités en commun. Parce que les gens ont tendance à être attirés par ceux qui sont confiants et qui ont de l'entregent, un séducteur aura au moins l'air d'avoir ces attributs aussi, sinon, ses stratagèmes ne pourront pas décoller ! Elles sont charismatiques et passionnées, croient profondément en elles-mêmes et sont également positives. Quoi qu'il arrive, elles ne se laissent pas facilement décontenancer ou déstabiliser.

Vous savez maintenant que l'une des bizarreries de la nature humaine est que nous aimons les défis et que nous préférons que la récompense ne soit pas abandonnée trop vite. Une personne qui est au moins un peu distante, ou qui alternativement nous repousse et nous amadoue, est hautement désirable. Les séducteurs entretiennent cette aura de mystère. L'insaisissabilité nous intrigue. Intéressé ? Pas intéressé ? Les gens en redemandent. Ces séducteurs peuvent également sembler être en phase avec leurs cibles. Ils semblent être plus sensibles aux besoins des autres, présentant parfois la solution avant même que leur public n'ait mentionné le problème ! Ils veulent apprendre à connaître leur cible, afin d'appuyer sur les bons boutons. La cible se sent spéciale parce que le séducteur investit autant de temps et d'attention sur elle. Le séducteur peut également révéler des vulnérabilités soigneusement choisies, sachant que sa cible ressentira le besoin de réagir en conséquence.

Sachant que les gens aiment se laisser guider, la voix du séducteur est toujours calme et contrôlée. Il aime les jeux de mots, surtout ceux qui sont suggestifs ! Il contrôle également les mouvements de son corps. Leurs gestes ne sont pas toujours faciles à lire ou à dévoiler, car ils cultivent soigneusement cette ambiguïté qui intrigue tant l'être humain. Ils établissent un contact visuel important et sont très attentifs lorsqu'ils attirent leur cible.

Qui est facilement séduit ?

Lorsqu'il s'agit de relations amoureuses, il y a des femmes avec certaines qualités et dans certaines situations qui sont plus enclines à être séduites, ce qui se termine par un chagrin d'amour pour elles lorsque le séducteur se lasse et s'en va, comme il le fait inévitablement. Si vous présentez l'une de ces caractéristiques, méfiez-vous lorsqu'une personne magnétique et charmante croise votre chemin !

Constamment mécontent

Une personne qui est toujours en train de se plaindre et d'être triste se laisse facilement séduire. Les séducteurs atténuent temporairement la tristesse, car ils s'intéressent au plaignant et le font se sentir spécial. Ils sont également très doués pour concocter le fantasme d'un monde meilleur et plus romantique, comparé à la réalité de la vie.

Si c'est votre cas, il existe un certain nombre de moyens de changer votre réalité ou de changer votre façon de la voir. La première consiste à

adopter une attitude de gratitude. De quoi pouvez-vous être reconnais-
sant dans votre vie ? Qu'est-ce que vous aimez dans votre vie ? La réalité
ne peut pas être tout le temps un arc-en-ciel et des chiots, malheureusement. Mais plus vous trouverez des choses à aimer dans votre vie et chan-
gerez les choses que vous n'aimez pas, moins vous aurez besoin d'un
fantasme. Le séducteur sera moins attirant pour vous, simplement parce
qu'il ne peut pas vraiment vous offrir ce que vous voulez.

Imagination active

Les séducteurs émettent des signaux. Leurs actions agitent des drapeaux rouges pour ceux qui font attention. Mais une cible dotée d'imagination ne voit pas les signes évidents qu'elle a affaire à un séducteur qui
a l'intention de l'aimer et de la quitter. Les séducteurs induisent des fantasmes qui peuvent être facilement imaginés par une personne dotée
d'une bonne imagination. La cible peut être tellement absorbée par le bel
avenir promis par le séducteur qu'elle ne perçoit pas les indices qui lui
permettraient de savoir que cela ne va pas se produire. Les séducteurs
sont également très habiles avec le langage et il est facile de se laisser
prendre à leurs paroles.

Si vous savez que vous avez une imagination débordante, assurez-
vous d'observer les actions de votre amant potentiel, et pas seulement
d'écouter ses fantasmes. Cela vous aidera à voir les drapeaux rouges lorsqu'ils commenceront à s'agiter.

Vous ignorez généralement les signaux d'alarme et l'opinion de votre famille et de vos amis.

Comme les personnes à l'imagination débordante, vous êtes tellement plongé dans la fantaisie et le charme que vous ignorez les signes
auxquels vous devriez prêter attention. Vous avez des discussions qui
suggèrent que vous êtes incompatibles parce que vous ne partagez pas
de valeurs communes, ou que l'autre personne ne semble jamais vouloir
faire ce que vous voulez faire. Vos amis et/ou votre famille vous mettent
en garde contre les signes qu'ils observent. Ils connaissent peut-être des

personnes qui ont été échaudées par votre séducteur, ils l'ont vu en ville en compagnie de personnes attirantes, ou ils voient que le séducteur vous rend malheureux. Ou encore, votre comportement a peut-être changé pour le pire. Ils vous aiment et veulent le meilleur pour vous.

Il est vrai que parfois, les autres ne sont pas capables de voir ce que vous voyez en quelqu'un et ce n'est pas toujours une mauvaise chose. Mais si tout le monde autour de vous vous dit la même chose, vous devriez écouter ce qu'ils ont à dire.

Plaisir des gens

La réalité est que de nombreuses personnes, en particulier les femmes, sont socialisées pour plaire aux autres. Elles traversent la vie en croyant que leur valeur et leur mérite dépendent de l'approbation extérieure. Il n'est pas vraiment surprenant que les personnes qui aiment les gens tombent si facilement sous le charme. Lorsque le séducteur se retire, comme il doit le faire, la personne qui aime les gens fera tout pour récupérer l'approbation et l'attention. Sinon, il finira par se sentir inutile ou par penser qu'il n'est pas assez bon pour être aimé.

Si c'est votre cas, travailler sur votre besoin d'approbation extérieure vous aidera énormément, et pas seulement pour repousser ou ignorer les séducteurs ! Vous êtes digne d'être aimé, quoi qu'on en dise, et vous devez d'abord vous aimer vous-même. Ce n'est qu'une fois que vous aurez atteint cet objectif que vous devrez chercher un partenaire romantique. Mettez-le à la porte s'il commence à se retirer et trouvez-en un autre !

Prêt à utiliser le sexe pour tenter l'amour

Une personne qui a une faible estime d'elle-même est souvent prête à faire l'amour trop tôt, dans l'espoir que cela mène à l'amour. Mais avec un séducteur, cela ne mène qu'à un cœur brisé, car il n'est là que pour le sexe.

L'ocytocine est une substance neurochimique qui favorise la création de liens et les femmes la libèrent lorsqu'elles ont des rapports sexuels.

Elles peuvent finir par se sentir liées à l'homme avec lequel elles viennent de faire l'amour, qui ne pourrait pas se sentir moins désireux de se mettre en couple avec elles ! Si c'est votre cas, choisissez mieux les personnes avec lesquelles vous faites l'amour. Demandez-vous ce qui se passera si vous avez des rapports sexuels avec une certaine personne et que cela ne devient pas de l'amour. Si tu n'aimes pas les conséquences, évite de coucher avec elle.

Vous faites de mauvais compromis pour le bien de votre relation.

Les nouvelles personnes dans votre vie apportent de nouvelles aventures et ce n'est pas une mauvaise chose ! Lorsque vous constatez que vous compromettez vos valeurs pour être avec quelqu'un, c'est une mauvaise chose.

Votre nouveau partenaire vous fait-il dépenser trop d'argent ? Ou vous pousse à faire l'amour trop vite, avant que vous ne soyez vraiment à l'aise ? Faites-vous la fête tous les soirs au point d'avoir du mal à vous rendre au travail le matin ? Fréquentez-vous des personnes que vous ne fréquenteriez pas autrement, en raison de leur mauvais caractère et/ou de leurs habitudes ? Si c'est le cas, être célibataire est mieux que ce que vous faites.

Tu restes trop longtemps

La relation est-elle devenue manifestement dysfonctionnelle ? Lorsque vous ne faites que vous disputer ou vous disputer (ou pire) avec votre partenaire, il n'y a aucune raison de rester. Certaines personnes le font, par peur de rester célibataires. Mais est-ce vraiment pire que de rester avec une personne qui nuit à votre estime de soi et qui ne vous soutient en aucune façon ?

Là encore, il est préférable d'être célibataire. Ne laissez pas votre désir d'amour et d'affection vous aveugler sur votre propre réalité.

Les signes de séduction

Vous vous êtes peut-être reconnu ou non dans la liste ci-dessus. Mais même si vous n'êtes pas facilement séduit, vous pouvez quand même tomber sous le charme de quelqu'un. Voici quelques signaux dont il faut se méfier :

Pour commencer, vous consentez à la séduction. (Sinon, s'il n'y a pas de consentement, c'est un viol.) Nous ne faisons pas de procès d'intention aux victimes ici. La clé pour séduire une autre personne est que le poursuivant utilise la tromperie et la manipulation pour obtenir ce consentement. Vous ne l'avez pas donné librement parce que votre séducteur vous a caché ses intentions. De plus, vous n'auriez probablement pas donné votre consentement si votre poursuivant ne vous avait pas menti ou trompé.

Par exemple, vous pourriez ne pas consentir à une relation sexuelle à moins de croire que l'autre personne est amoureuse de vous ou, du moins, qu'elle est prête à envisager une relation à long terme avec vous. Sachant cela, et sachant aussi qu'il ne désirait rien d'autre que du sexe, votre séducteur peut vous avoir fait croire qu'il voulait une relation avec vous. Si vous aviez su qu'il ne voulait que du sexe, vous n'auriez jamais accepté de coucher avec lui.

Le séducteur ne se soucie pas vraiment de sa cible et tout ce qu'il veut, c'est renforcer son ego ou tirer un certain plaisir personnel de la poursuite. Bien qu'il puisse sembler intéressé afin de poursuivre sa quête, il ne s'intéresse à personne d'autre qu'à lui-même. Cette situation est peut-être un peu plus difficile à cerner, car la plupart des séducteurs sont habiles à feindre l'intérêt ! Il se peut aussi qu'il s'intéresse vraiment à vous pour savoir sur quels boutons il faut appuyer.

Regardez leurs actions. Se souvient-il des petits détails sans importance qui font de vous ce que vous êtes et qui ne sont pas liés au sexe ? Ou leur intérêt est-il principalement orienté vers la découverte de ce qui vous charme et vous séduit ? Lorsqu'ils parlent des autres, est-ce au service d'eux-mêmes ou semblent-ils curieux des autres ? Y a-t-il d'autres tendances narcissiques que vous repérez ? Il est contraire à l'éthique de tromper quelqu'un pour obtenir ce que l'on veut, mais de nombreux séducteurs utilisent ce stratagème, surtout dans le domaine romantique, où l'on croit généralement que les hommes veulent une chose et les femmes une autre ! Ce n'est pas nécessairement vrai. Dans un monde parfaitement éthique, les deux parties disposent des mêmes informations et le consentement est mutuel. Mais ce n'est pas le monde dans lequel nous vivons.

Modèle en trois étapes : attraction, confort et séduction

La première chose que le séducteur doit faire est d'attirer sa cible. Comme ils ont tendance à être magnétiques et charismatiques, ce n'est généralement pas la partie la plus difficile pour eux ! Ils savent comment se distinguer dans la foule et attirer l'attention sur eux. C'est là que la séduction commence, avant même qu'ils n'approchent la personne qui les intéresse. Tous les yeux sont rivés sur eux, ce qui leur donne également un air populaire et confiant. Une fois qu'ils ont établi un contact direct, ils font en sorte que leur cible se sente puissante et intéressante. En étant direct dans leur approche, ils ont l'air courageux. Les gens aiment ceux qui prennent des risques, car ils représentent une nouveauté.

Il peut aussi essayer l'approche indirecte, qui consiste à poser une question (apparemment) au hasard. Cette manœuvre est conçue pour engager la conversation en douceur. Qu'il utilise l'approche indirecte ou directe, le séducteur se tourne normalement vers les jeux de mots, le charme et l'humour, qui sont tous connus pour attirer les autres. Parfois, les séducteurs, en particulier les hommes, entament une conversation avec une femme qui ne les intéresse pas. Lorsqu'un homme est vu en train de parler à une femme, surtout une femme attirante, d'autres femmes peuvent s'intéresser à lui. Il est intéressant de noter que d'autres espèces sont connues pour effectuer ce "copiage du choix du partenaire",[13] dans lequel les femelles de l'espèce copient d'autres femelles en

---

[13] https://journals.sagepub.com/doi/full/10.1177/147470491201000511

choisissant un mâle spécifique pour l'accouplement. Mais le séducteur ne doit pas en dire trop, dès le départ. Personne ne veut que le prix lui soit servi sur un plateau d'argent. Une fois que la cible est accrochée, elle va commencer à se retirer. C'est déroutant et intriguant, ce qui maintient l'attention de leur cible. La relation se poursuit dans le temps, car normalement la séduction ne se fait pas d'un seul coup. Pour maintenir l'intérêt à un niveau élevé, le séducteur doit maintenir une certaine tension émotionnelle, afin de garder son public en déséquilibre et d'en redemander.

Ensuite, il faut construire la relation. Le confort et la confiance avec le poursuivant doivent être établis avant que la cible puisse être attirée par la séduction. Un contact visuel accru fait sentir à la personne poursuivie que le séducteur s'intéresse à elle. Le poursuivant peut également se pencher vers sa cible, réduisant ainsi l'espace personnel qui les sépare. En plus d'utiliser l'esprit, le séducteur utilise également le pouvoir du toucher - pas de manière sexuelle, du moins au début. Mais les humains répondent par la confiance, même avec un bref contact de la main. Cela favorise la création de liens entre les deux. Le cerveau libère des substances neurochimiques lorsque le corps est touché, dont l'ocytocine, qui est la substance chimique qui crée des liens.

L'affection physique et l'établissement de rapports se poursuivent jusqu'à et pendant la séduction elle-même, afin de maintenir le niveau de confiance nécessaire pour que la cible accepte d'avoir des relations sexuelles. La décision doit être prise de manière émotionnelle et non logique. Le séducteur utilisera des mots et le langage corporel pour faire appel à l'émotion et établir un rapport affectif. Il ne s'agit pas d'une confiance construite sur des expériences ou des valeurs similaires, mais sur une pulsion similaire, que les deux ont (ou que le poursuivant semble avoir) pour être dans une relation physique et romantique.

Résumé du chapitre

- Les séducteurs ont des qualités qui les font sortir de l'ordinaire, même si leur charme et leur charisme sont superficiels.
- Certaines personnes se laissent facilement séduire parce qu'elles sont insatisfaites de leur vie ou ont d'autres besoins insatisfaits qu'un séducteur peut exploiter.
- Les signes de séduction impliquent un consentement qui semble mutuel, mais qui ne l'est pas, en raison d'une tromperie de la part du poursuivant.
- Le modèle de la séduction comprend trois étapes principales : l'attraction, le confort et l'établissement de la confiance, et la séduction elle-même.

Dans le chapitre suivant, vous apprendrez les règles du jeu de la séduction.

CHAPITRE QUATRE

Les règles du jeu

L'art (et la science) de la séduction est vraiment un jeu avec deux joueurs principaux. D'autres peuvent être impliqués en marge du jeu. Lorsqu'un homme entame une conversation avec une femme qu'il ne cherche pas à séduire, afin d'en attirer une autre qu'il a l'intention de séduire, des joueurs mineurs sont impliqués. Typiquement, dans une séduction romantique, elle se joue à deux.

Types de jeux

Il existe trois grands types de jeu, du moins lorsqu'il s'agit de séduction sexuelle.

1. Direct

L'amorce de conversation directe dont j'ai parlé dans le dernier chapitre est le plus souvent utilisée pour ce type de jeu. Ici, le poursuivant est direct dans son approche de la cible. Il n'utilise pas d'autres femmes pour attirer sa cible, mais vient directement à elle et lui exprime son attirance. Cela ne signifie pas nécessairement être grossier, mais simplement exprimer son intérêt. Pour ceux qui ont peur du rejet, cela peut sembler être une tâche terrifiante ! Mais, parce que cela vous fait passer pour un courageux preneur de risques, votre cible trouvera probablement votre confiance attirante.

Cette technique signifie également moins de manipulation et moins de connaissances sur la nature humaine, car vous n'essayez pas d'être sournois ou d'utiliser une caractéristique humaine à votre avantage. À un moment donné, vous devrez probablement être direct dans votre approche de toute façon. Surtout lorsque vous "concluez l'affaire" pour avoir des relations sexuelles.

2. Indirect

En revanche, lorsque vous jouez à un jeu indirect, vous ne faites pas savoir à votre cible que vous êtes attiré par elle avant qu'elle n'ait déjà manifesté une certaine attirance pour vous. Cela permet d'éviter le risque de rejet qui est toujours possible dans le jeu direct. C'est un jeu de stratégie dans lequel vous attirez votre cible pour découvrir des choses sur elle et la faire se qualifier pour le sexe avec vous. Une fois que vous avez montré un peu de vous-même, pour l'attirer, elle en révèle davantage sur elle-même. Vous pouvez tester si vous les intéressez réellement avant de leur faire savoir que vous êtes sexuellement intéressé par eux.

Le problème avec ce type de jeu est qu'il y a généralement une tension sexuelle entre les deux sexes de toute façon. Si vous optez pour la technique indirecte, vous devez vous arranger pour qu'ils ne soient pas conscients de l'intérêt que vous leur portez, tout en maintenant une tension suffisamment forte pour les attirer et les mettre à l'aise.

3. Social

Lorsque vous utilisez le jeu social, vous devez connaître certaines bizarreries humaines afin de les utiliser comme levier contre votre cible. C'est ici que la technique de la "copie de choix du partenaire" peut entrer en jeu. Idéalement, vous voulez entrer dans la salle avec une foule de gens et faire en sorte que votre cible se demande qui vous êtes. Vous n'avez pas besoin d'avoir un statut élevé pour attirer celle que vous voulez séduire, mais vous devez être confiant et socialiser.

Qui sont les joueurs du jeu ?

Au chapitre deux, j'ai parlé des différents types de séducteurs. Il existe également différents types de victimes. En général, il leur manque quelque chose que leur séducteur est capable d'exploiter ou d'utiliser comme levier. Le poursuivant doit cependant s'assurer qu'il lit correctement ses cibles. La plupart d'entre nous cachent ou du moins essaient de cacher leurs faiblesses et leurs vulnérabilités. Une personne qui semble forte et dure peut, en fait, protéger un cœur aussi mou qu'une guimauve !

Certaines victimes sont en fait d'anciens séducteurs, qui ont dû arrêter en raison de pressions familiales ou autres. Elles peuvent éprouver du ressentiment ou de l'amertume à l'égard de ce changement, car la capacité de séduire leur manque. Cependant, lorsque vous les poursuivez, n'oubliez pas qu'ils doivent penser que c'est eux qui vous séduisent, et non l'inverse. D'autres séducteurs ont vécu leur vie de plaisir et se sentent blasés. Ils peuvent souvent être facilement séduits par quelqu'un qui semble jeune et innocent, car cela leur rappelle des souvenirs de leur propre jeunesse.

Une cible qui fétichise l'exotisme mène une vie intérieure vide et veut la remplir de friandises exotiques. Un poursuivant exotique fait l'affaire, surtout si vous exagérez un peu. Les personnes qui s'ennuient dans leur vie la remplissent de drames, alors ne courez pas après une reine du drame en lui promettant sécurité et sûreté. D'autres victimes peuvent être des personnes très imaginatives qui trouvent que la réalité ne correspond pas à leurs fantasmes. Les enfants gâtés ont besoin de nouveauté et de la main ferme que leurs parents ne leur ont jamais donnée. Une cible qui ne veut pas grandir et prendre des responsabilités est également à la recherche d'un parent.

Une personne qui était autrefois une star (athlète, étudiant, acteur, etc.) et qui mène aujourd'hui une existence terne se réveillera dès que quelqu'un lui accordera un peu d'attention. De même, une personne belle ou particulièrement séduisante a toujours peur de perdre son apparence. Séduisez-la en rendant hommage à son apparence, mais aussi à une autre caractéristique (comme l'intelligence, l'esprit ou la personnalité) à laquelle personne d'autre n'a prêté attention. Vous pourriez trouver une cible qui agit comme si elle était plus blanche que neige, mais qui, au fond, est à la fois terrifiée et émoustillée par l'idée des plaisirs interdits dans la chambre à coucher. D'autres ne se font aucune illusion sur leur pureté réelle, mais ils veulent aussi goûter à ces fruits encore inconnus.

Les personnes assoiffées de pouvoir ont besoin de libérer de l'énergie, alors être une allumeuse leur convient très bien. Certains leaders sont réellement puissants, mais parce qu'ils sont des leaders, ils ont besoin que quelqu'un brise leurs murs pour eux et mette fin à leur isolement. D'autres cachent leur besoin de pouvoir sous l'apparence d'un sauveteur. D'autres cibles peuvent avoir passé tellement de temps dans leur tête et à travailler sur leur supériorité mentale (perçue) qu'un poursuivant physique est pour elles une sorte de soulagement. Elles ont aussi tendance à manquer de confiance en elles, vous pouvez donc jouer sur ce point également. Le vide intérieur de certaines victimes est si grand qu'elles essaient de le combler par un culte : une cause, une religion ou une idole. Leur esprit est hyperactif et ils sont aussi physiquement sous-stimulés. Une personne dont les sens sont surstimulés a en fait besoin de plus de plaisirs sensuels, car elle a tendance à être timide.

Si le genre d'une personne est fluide ou ambigu, il est fort probable qu'elle cherche une autre personne de genre fluide pour réveiller certains de ses désirs refoulés.

La séduction est-elle éthiquement responsable ?

Certains États américains, du moins à une certaine époque, ont rendu illégaux certains types de séduction (sexuelle).[14] Si un homme séduisait une femme en lui promettant le mariage ou en usant d'autres ruses, et si la femme avait moins de 25 ans ou était vierge auparavant, ou si l'homme avait plus d'un certain âge, la séduction pouvait être considérée comme un crime. Dans le monde moderne, cependant, les femmes ont plus de

---

[14] https://www.britannica.com/topic/seduction

pouvoir et la séduction n'est donc pas un crime. Bien que de nombreuses personnes considèrent encore la séduction comme immorale, il y a certainement des arguments en faveur de la séduction éthique !

Il est important d'éviter les mensonges totaux et les fausses impressions. Si vous n'avez pas l'intention d'épouser votre conquête, ne lui promettez pas de mariage. Et ne donnez pas non plus l'impression que vous êtes prêt à envisager un mariage. Si vous essayez de charmer quelqu'un pour qu'il fasse l'amour avec vous, dites clairement que le résultat final est le sexe, et non un mariage ou une relation à long terme. Non seulement c'est la façon éthique de procéder, mais cela raccourcit également le processus de mise au lit. Dans la culture populaire, la femme qui a l'étoffe d'un mari n'a de relations sexuelles que beaucoup plus tard dans la relation. Lorsqu'elle sait que le mariage n'est pas dans les cartes, elle n'a pas besoin d'agir comme si elle était faite pour le mariage et elle n'a pas besoin de continuer à mettre des obstacles entre vous et le sexe. Et si vous ne la connaissez pas très bien, comment pourriez-vous savoir si c'est une personne que vous voulez épouser en premier lieu ? Agir tout de suite comme si elle avait l'étoffe d'une épouse est malhonnête, car vous devez d'abord apprendre à mieux la connaître.

Une façon évidemment immorale de séduire quelqu'un est d'utiliser son pouvoir ou son statut. Le "casting couch" à Hollywood, même s'il a été beaucoup utilisé, est contraire à l'éthique. Si vous êtes le patron de quelqu'un et que vous exigez qu'il couche avec vous pour garder son emploi, ce n'est pas du tout de la séduction. C'est un pur jeu de pouvoir et il n'y a rien d'attirant ou de séduisant là-dedans.

Cependant, et si vous faisiez les choses correctement ? Traitez votre partenaire comme une personne à part entière qui vous attire ? Tout le monde trouve cette approche charmante ! Savoir à quoi votre cible réagit n'est pas de la manipulation, car tout le monde le fait. Le rapport de force est égal - la plupart des gens comprennent assez rapidement cet aspect de la nature humaine s'ils ne le savent pas déjà lorsqu'ils commencent à fréquenter quelqu'un. Dans le cas d'une séduction éthique, il y a toujours beaucoup de flirt, de taquinerie et de jeux de mots, si les deux partenaires aiment ça. Mais le poursuivant indique clairement ce qu'il recherche et la cible perçoit ces signaux et répond de la même manière. Si la réponse est positive, le séducteur peut alors commencer à faire les démarches pour conclure l'affaire et terminer le voyage par une relation sexuelle. Si la réponse est négative, le séducteur peut changer de cible et recommencer.

Toutes les personnes impliquées dans ce type de séduction ont des attentes réalistes quant à ce qui se passe. Personne n'est blessé parce qu'il n'a pas de faux espoirs qui finissent par se heurter à la réalité. Les deux parties sont attirées l'une par l'autre. Il n'y a aucune raison d'augmenter son attractivité par des artifices ou des jeux. Le consentement est mutuellement donné parce que les deux parties savent clairement ce qu'elles attendent.

Tracer la ligne

Dans la communauté de la séduction en ligne, certains hommes n'ont aucune envie d'être des "artistes de la drague" qui ont des relations sexuelles avec des femmes et les rejettent ensuite parce qu'ils le peuvent. Ces hommes recherchent simplement des conseils en matière de rencontres, afin d'avoir de meilleurs rendez-vous et plus de sexe. Il n'y a rien de nécessairement immoral ou contraire à l'éthique dans tout cela. Mais où faut-il tracer la limite ? Certaines des techniques de séduction sont issues de la PNL (programmation neurolinguistique), qui est censée améliorer les techniques de communication. Elle est aussi souvent considérée comme trompeuse et manipulatrice, car les personnes qui l'utilisent n'en parlent pas ouvertement. Est-ce un abus si vous avez un fort pouvoir de séduction et que vous l'utilisez à votre avantage ? Comme indiqué ci-dessus, la séduction peut être manipulatrice et avoir des conséquences destructrices.

Le harcèlement sexuel concerne aussi bien les superviseurs masculins que féminins. Si l'employeur utilise son pouvoir d'embauche et de licenciement pour forcer une employée à avoir des relations sexuelles, il s'agit de coercition et non de séduction.

Résumé du chapitre

- Il existe trois types de jeux de séduction : direct, indirect et social, chacun ayant ses avantages, ses inconvénients et ses techniques.
- Il existe de nombreux types de cibles que les séducteurs trouveront faciles à poursuivre, surtout s'ils comprennent la nature humaine et les différentes façons dont les gens ressentent un manque dans leur vie.
- La séduction n'a pas besoin d'être manipulatrice et trompeuse, tant que le séducteur affiche clairement ses intentions.
- L'utilisation de son pouvoir et de son statut pour contraindre quelqu'un d'autre à avoir des relations sexuelles est une ligne claire entre la séduction et l'absence de consentement.

Dans le chapitre suivant, vous apprendrez l'art de la séduction.

CHAPITRE CINQ :

L'art de la séduction

Quiconque prend le temps d'apprendre cet art peut devenir un maître (ou une maîtresse) du jeu de la séduction. Il combine une connaissance de la nature humaine et une expérience historique obtenue au fil des siècles. Vous devrez connaître le type de séducteur auquel vous ressemblez le plus et découvrir les stratégies qui fonctionneront pour vous et votre type spécifique. Si vous avez des affinités avec l'un des types de victimes évoqués au chapitre 3, ne les utilisez pas comme cibles !

Une introduction aux techniques de séduction

Les gens aiment le mystère et l'incertitude. Cela les attire, ils veulent savoir ce qui va se passer. Si vous avez bien choisi votre cible, elle fera de son mieux pour découvrir votre mystère et vous prendre pour elle. La concurrence est également séduisante. Développez le charisme qui fera que vos cibles en redemanderont. Vous devez paraître confiant, car c'est une autre caractéristique qui accroche facilement les gens. Accrochez-les, mais ne les laissez pas s'approcher trop près de vous. La distance vous donne l'aura mythique que vous voulez cultiver.

Soyez le héros ou l'héroïne d'un grand drame, mais rappelez-vous que, comme pour tous les héros, vous ne pouvez pas être trop proche des gens ordinaires. Restez sur ce piédestal aussi longtemps que vous le pouvez. Agissez comme si votre pouvoir était inné et un don de la création. Le travail acharné et la discipline sont des tueurs d'os en matière de séduction. Ne laissez pas entendre que vous vous êtes entraîné et que vous avez étudié. Quel que soit le type de séducteur que vous êtes, vous voulez qu'il paraisse sans effort. Après tout, tout le monde peut travailler dur pour atteindre un objectif, mais un séducteur qui réussit n'est pas n'importe qui ! Il s'agit d'un être rare, doté d'une grande présence, qui attire les autres, mais qui ne peut pas nécessairement s'en approcher, du moins pas avant que le séducteur ne laisse entrer sa cible. Il doit éventuellement y avoir une touche de vulnérabilité - juste une touche - être dans le besoin rebute la plupart des gens. Cela permet aux personnes poursuivies de se sentir spéciales car elles sont les seules autorisées à toucher l'ourlet du vêtement du séducteur.

Les clés de la séduction résident dans votre capacité à faire preuve de charisme, même si vous ne vous considérez pas forcément comme naturellement charismatique. Vous devez être confiant et agir comme si vous aviez un plan. Soyez suffisamment mystérieux pour intriguer les autres. Attirez-les, puis repoussez-les. Faites en sorte que votre cible travaille pour avoir l'opportunité d'être séduite par vous, car les gens ne font pas confiance aux cadeaux donnés trop librement.

Les phases de la séduction et leurs techniques

Nous avons abordé l'ensemble du processus de séduction : l'attraction, le confort et l'établissement d'un rapport, puis la séduction proprement dite. Examinons plus en détail les phases de séduction et les stratégies qui les accompagnent.

Sortir la cible du lot et susciter le désir et l'attirance.

Vous devrez sélectionner votre cible avec soin pour vous assurer qu'elle correspond à votre type et que vous pouvez combler le vide qu'elle a en elle. Ignorez ceux qui ne sont pas attirés par vous ou que vous ne pouvez pas séduire, car ils ne sont qu'une perte de temps. Montrez que vous êtes le séducteur en étant sélectif. Il se peut qu'un certain nombre de personnes semblent ouvertes à vos charmes, mais vous n'êtes pas obligé d'accepter la première personne qui vous est proposée. Ce serait un geste basé sur l'insécurité, et non sur la confiance, et il finira par se retourner contre vous. Vous pourriez choisir une personne qui semble timide parce qu'elle réagit souvent bien au fait d'être approchée et qu'elle aimerait qu'on l'attire. Votre cible ne doit pas avoir l'air trop occupée. Si vous lui demandez trop de travail, elle n'aura pas le temps de vous consacrer le temps dont vous avez besoin pour réussir votre séduction.

Une fois que vous avez choisi une bonne cible qui est prête à vous recevoir, commencez à faire la conversation. Apprenez à les connaître un peu afin de pouvoir utiliser ces informations plus tard, notamment des petits détails sur leur jeunesse ou leur enfance, ou quelque chose sur ce qui les fait tiquer. Une fois qu'ils sont à l'aise pour vous parler, vous pouvez leur faire une suggestion inhabituelle ou surprenante - quelque chose qui les intrigue. Au début, il ne faut pas leur accorder trop d'attention. N'oubliez pas que la distance est attrayante. Une fois que vous avez fait l'approche et que vous les avez intrigués, vous voulez qu'ils viennent à vous. Ils veulent avoir l'impression d'être le séducteur, et non le séduit. Le fait de prendre du recul leur permet également d'utiliser un peu leur imagination. C'est plus séduisant que de tout leur expliquer. Envoyez des signaux mixtes ou ambigus. La plupart des gens sont tellement évidents que vous passerez pour plus intéressant. Vous devez également leur faire savoir que vous avez une complexité qui ne peut être abordée lors d'une première rencontre. Ils devront apprendre à mieux vous connaître pour découvrir cette qualité intrigante et mystérieuse. Si vous vous présentez comme innocent et chérubin, vous devrez laisser échapper un soupçon de cruauté ou de danger pour maintenir leur intérêt.

Jouer sur la vanité peut apporter de belles récompenses ! Si vous êtes intéressé par une personne en particulier, flirtez avec son ami. C'est une façon de créer un "triangle du désir", qui est un excellent moyen d'attirer votre cible. Les femmes sont particulièrement attirées par les hommes ayant une "réputation de séducteur", alors utilisez cela à votre avantage. Pendant que vous êtes dans la première phase de la séduction, vous allez planter des graines pour plus tard. L'une d'entre elles consiste à les rendre inquiets pour l'avenir. Faites surgir en eux les doutes et les sécurités que vous avez appris lors de votre conversation. Cela prépare le terrain pour votre deuxième graine d'insinuation, qui est que vous serez capable de combler ce vide dans leur vie. C'est le bon moment pour jouer le jeu avec eux. Quelle coïncidence que vous aimiez ce qu'ils aiment ! Vous vous adaptez à leur humeur, ce qui joue sur leur ego.

Les déstabiliser avec confusion et plaisir

Créer du suspense est la clé ! Faites des choses qu'ils n'attendent pas de vous, ce qui les incite à en redemander. Ils veulent savoir ce qui va se passer et vous ne voulez pas que ce soit trop évident. Les gens aiment la nouveauté, alors attirez-les avec elle, mais utilisez-la aussi pour les déstabiliser. N'oubliez pas d'ajouter une petite touche de vulnérabilité de temps en temps et montrez stratégiquement un peu de faiblesse ou de vulnérabilité. Évitez de le faire accidentellement, car vous donnerez l'impression d'être peu sûr de vous ou confiant. Décidez quelle faiblesse vous allez leur faire goûter et à quel moment. Faites en sorte qu'elle soit suffisante pour qu'il se sente supérieur ou fort, au moins pendant un bref moment. Elle doit être naturelle pour votre personnage, de sorte que même si vous l'utilisez de manière calculée, elle ne paraîtra pas calculatrice.

Ne soyez pas fiable. Si vous choisissez, par exemple, de leur envoyer une lettre ou des fleurs, ne le faites pas régulièrement. Vous voulez qu'ils vous courent après, et non l'inverse. Utilisez vos mots ! La séduction est une question d'appel émotionnel. Flattez-la, utilisez un langage chargé, faites appel à sa vanité, son ego et son estime de soi. Enveloppez-les de fantasmes et de mondes riches et imaginaires. Ils n'auront pas la volonté de résister si vous utilisez le langage comme levier. Vous devrez prêter attention aux détails, afin de savoir sur quels boutons appuyer. Soyez poétique, vulgaire (si votre cible est d'accord), coquin ou sensuel, mais ne soyez pas ordinaire. Incarnez leurs fantasmes. Au cours de vos conversations, vous avez, je l'espère, découvert ce qu'ils recherchent. Maintenant, vous voulez brouiller les lignes entre le fantasme et la réalité en étant cette figure fantasmée dont ils rêvent depuis si longtemps. Tout cela vous aidera à les isoler de leur environnement naturel : physique, mental, émotionnel, les encourageant à dépendre de vous plus qu'ils ne l'ont fait jusqu'à présent.

Approfondissez l'effet et poussez-les sur la corniche.

Montrez à votre cible que vous êtes l'incarnation de ses rêves, selon la graine que vous avez plantée. Si vous jouez au chevalier blanc, c'est le moment de créer un drame ou une crise (s'il n'y en a pas déjà un), afin de pouvoir intervenir et réaliser son rêve d'être sauvé, par exemple. Quel que soit le type de séducteur que vous êtes, ne craignez pas d'avoir l'air idiot ou de faire une erreur. Tout ce qui ressemble à un sacrifice va impressionner votre cible et renforcer l'idée que vous êtes l'amant de ses rêves en chair et en os.

Les gens aiment avoir l'impression d'explorer leur côté obscur. Vous pouvez les aider à dépasser les limites qu'ils se sont eux-mêmes imposées ou celles que la société a mises en place. Dans tous les cas, donnez-leur l'impression que vous les amenez à transgresser et à explorer quelque chose qu'ils ont toujours voulu mais jamais osé. Normalement, cela sera de nature sexuelle ! Vous pouvez adopter un comportement qui est interdit à la plupart des gens, ce qui vous rend dangereusement attirant. Permettez à votre cible de profiter de l'attrait de l'interdit.

Assurez-vous, que vous séduisiez une personne vaniteuse sur son apparence ou non, d'exprimer une attirance qui va au-delà du physique. De nombreuses personnes ont des insécurités et des inquiétudes concernant leur corps et vous ne voulez pas que ces angoisses les effraient. Rendez-les tellement conscients de leur faiblesse qu'ils ne pourront pas se concentrer sur vous. Exprimez votre appréciation pour quelque chose qui n'est pas physique. Faites appel à quelque chose de sublime pour les réorienter, comme la religion ou l'occulte, ou même une œuvre d'art étonnante. La clé de cette phase est de ne pas se concentrer exclusivement sur le plaisir. Vous les attirez avec votre promesse d'être le héros ou l'héroïne. Une fois que vous leur avez accordé de l'attention, vous voulez vous retirer brusquement. Intéressé, intéressé, intéressé... maintenant apportez la douleur. Soudain, vous n'êtes plus attiré par eux. Vous pouvez même vous pousser à la rupture, pour qu'ils ressentent le vide de leur vie sans vous. Ensuite, vous pouvez faire revenir le plaisir, jusqu'à ce que vous ayez besoin de faire monter la tension et de vous retirer une fois de plus.

N'évitez pas le conflit. Vous devrez maintenir la tension sexuelle et ce n'est pas possible sans conflit. Attirez-le, repoussez-le et répétez. Variez les moments de plaisir et de douleur, pour que ce ne soit pas ennuyeux ou prévisible. Peut-être que cette rupture est réelle ! Vous ne voulez pas qu'ils découvrent un schéma.

Les repousser et s'installer

Introduire un peu de jalousie dans l'équation. Comme d'habitude, rien de trop évident. Faites quelques allusions à l'intérêt que vous pourriez porter à une autre personne, puis laissez libre cours à l'imagination de votre cible. La volonté est liée à la libido sexuelle d'une manière que vous pouvez facilement exploiter. Si elle attend que vous veniez à elle - si elle croit qu'elle est poursuivie - la température sexuelle est basse. Faites-la monter en provoquant de nouvelles émotions, de la tension et de la jalousie. Faites-les participer à la poursuite, au lieu de se détendre et de vous attendre. Pendant qu'ils sont de plus en plus chauds, vous restez totalement nonchalant. Après tout, tout le monde s'attend à ce que le héros ou l'héroïne soit cool, calme et posé. Pendant ce temps, vous guettez les signes de réchauffement de leur libido. Ils pourraient commencer à rougir, voire à pleurer. Gardez également un œil sur les lapsus révélateurs. Ce sont tous des signes qu'ils sont prêts à ce que vous concluiez l'affaire.

Vous êtes le poursuivant, même s'ils pensent à tort qu'ils vous poursuivent. Cela signifie également que c'est vous qui devez faire preuve d'audace. C'est vous qui décidez, mais vous devez conserver votre aura de calme et de mystère. C'est vous qui faites le pas, mais vous ne devez pas attendre désespérément leur réponse. Par la suite, vous aurez peut-être besoin de remuer le couteau dans la plaie pour rester insaisissable. Mais lorsque vous en avez fini ou que vous êtes désenchanté, assurez-vous d'en finir. Ne continuez pas par pitié ou parce que vous n'avez personne d'autre. Faites une rupture nette si vous le pouvez. Si vous ne le pouvez pas, incitez-le à rompre avec vous en utilisant délibérément un comportement anti-séduction.

Notes de séduction pour les débutants

Il y a quelques choses que vous devez savoir pour vous mettre à niveau. Elles vous aideront également à maîtriser l'art de la séduction.

Éteignez votre téléphone

Afin de maintenir votre concentration sur l'apprentissage et la séduction, vous devez éviter les distractions. Si vous êtes trop plongé dans votre téléphone, vous serez trop facilement détourné de vos objectifs par une notification ou un SMS inopportun. De plus, vos cibles potentielles seront insultées, et non attirées, si vous commencez à regarder votre téléphone pendant que vous leur parlez. Rester loin de votre téléphone vous aide à entrer dans un état de flux, dans lequel vous êtes concentré sur ce que vous faites. Les états de fluidité sont également essentiels à la créativité.

Étude

Regardez ce que font les séducteurs qui réussissent. Regardez comment ils jouent le jeu. Les lire dans ce livre vous donne une bonne base, mais vous aiderez votre jeu à faire un bond en avant en observant ce qui fonctionne dans le monde et en le copiant. Trouvez un mentor si vous le pouvez. Ils peuvent également vous aider à tirer le meilleur parti de votre personnalité de séducteur et vous donner quelques conseils et astuces sur la façon dont ils font ce qu'ils font. Vous pouvez également consulter YouTube ou rechercher des séducteurs connus et les regarder en ligne.

Visualisez

Vous pouvez le faire "sur le terrain", ainsi qu'à d'autres moments. La visualisation est une astuce de l'esprit que les athlètes et les hommes d'affaires qui réussissent utilisent tous. À quoi ressemble une soirée réussie sur le terrain ? Pourquoi essayez-vous d'améliorer votre jeu de séduction et quel est votre objectif ? Quel qu'il soit, jouez-le comme il se présente. Lorsque vous êtes sur le point de partir pour la nuit, imaginez dans votre esprit comment vous voulez que la nuit se déroule. Imaginez comment vous allez trouver une cible appropriée et comment vous allez vous glisser dans la conversation avec elle.

Une pratique cohérente

Comme tant d'autres voyages dans la vie, la séduction et l'amélioration de votre jeu sont des concours d'endurance. Ce sont des marathons, pas des sprints. Ne vous épuisez donc pas à pratiquer trop en peu de temps et à avoir ensuite besoin de trop de temps pour récupérer. Au contraire, entraînez-vous un peu chaque jour. Certains jours, vous pouvez ne prendre que 10 minutes, d'autres fois, vous pouvez travailler pendant une heure. Ne vous surchargez pas trop vite. Allez-y doucement pour avoir le temps de vous améliorer, de réfléchir et d'apprendre de chaque séance d'entraînement.

Système d'apprentissage à partir de votre pratique

Pour la plupart des gens, cette pratique prendra la forme de "notes de terrain". Lorsque vous rentrez chez vous après une séance de pratique, revivez la soirée. Mettez-la par écrit, car si vous la laissez dans votre tête, vous ne profiterez pas de toute la puissance de la réflexion. Lorsque vous écrivez, prenez note de ce qui s'est bien passé. Avez-vous dit quelque chose qui a suscité l'intérêt de votre cible, ou avez-vous tenté un contact informel pour renforcer les liens ? Notez également ce qui n'a pas bien fonctionné. Votre jeu indirect était peut-être un peu trop indirect et n'a pas permis à la cible de comprendre votre attirance.

Que se passait-il dans le monde extérieur où vous exerciez ? Que se passait-il à l'intérieur ? Quelque chose a-t-il déclenché vos insécurités et avez-vous été capable de les gérer ou avez-vous besoin d'un plan de match au cas où cela se reproduirait ? Qu'avez-vous envie de réessayer ? Y a-t-il quelque chose de nouveau que vous voudriez tester ? Ou quelque chose qui, à votre avis, a tellement échoué que vous ne voulez plus jamais l'utiliser ? La plupart des mentors voudront entendre vos notes.

Équilibre entre trop facile et trop difficile

Si vous ne vous entraînez qu'aux choses faciles, comme approcher des cibles qui semblent désespérément vouloir interagir, vous ne vous améliorerez pas. Vous resterez médiocre et ne parviendrez pas à maîtriser votre jeu. D'un autre côté, si vous visez constamment trop haut, au-delà de vos capacités actuelles, vous ne saurez pas vraiment ce qui a bien marché et ce qui n'a pas marché. Vous n'en savez tout simplement pas assez pour le déterminer et vous ne pourrez pas non plus vous améliorer en visant constamment trop haut. De plus, il est très facile de se décourager quand on vise l'impossible, car on échoue.

Limitez ce sur quoi vous voulez vous concentrer dans chaque session et vous serez ainsi en mesure d'apprendre plus rapidement.

Dormir

Le cerveau a besoin de repos ! La réparation des cellules et d'autres processus ne peuvent avoir lieu que lorsque vous dormez, vous devez donc vous assurer de prendre le temps de dormir. L'apprentissage se fait également pendant le sommeil, lorsque les souvenirs et les expériences sont encodés. Faites une sieste si vous en avez besoin, afin de pouvoir vous coucher tard et vous entraîner plus tard dans la nuit.

Résumé du chapitre

- La séduction fait appel à un art et à des techniques qui ont été acquis au fil des siècles.
- Chaque phase de la séduction contient des techniques applicables à cette phase, quel que soit le type de séducteur que vous êtes.
- Vous pouvez améliorer votre jeu plus rapidement grâce à quelques astuces, notamment un entraînement régulier et la prise de notes sur vos séances d'entraînement.

Dans le chapitre suivant, vous apprendrez plus en détail les techniques de séduction.

CHAPITRE SIX :

Techniques de séduction 101

Ici, je vais aborder les techniques que les hommes utilisent pour séduire sexuellement les femmes. Je vous rappelle que ces techniques sont basées sur des siècles de connaissances et d'expérience, notamment sur ce que les hommes ont découvert sur le fonctionnement des femmes et sur la manière de tirer parti de ces informations pour séduire.

Introduction aux meilleures techniques utilisées par les hommes pour séduire les femmes

Il existe quelques manœuvres courantes que les hommes ont utilisées avec succès pour attirer les femmes dans leur lit. La première consiste à agir comme un joueur ou un Casanova, c'est-à-dire que vous êtes connu pour vos aventures amoureuses et que vous êtes très doux et débonnaire à ce sujet. Vous les aimez ardemment, puis vous les quittez. Si vous êtes un joueur, vous savez que vous avez des compétences que les autres hommes n'ont pas. En général, vous avez le choix des femmes que vous voulez parce que vous utilisez ces manœuvres et stratégies douces. Les médias rendent la vie de célibataire, du moins pour les hommes, amusante et glamour. Se fixer est perçu comme ennuyeux et parfois même comme la mort du sexe. Qui ne voudrait pas être là à flirter avec une femme différente chaque soir ?

Les joueurs ne font généralement pas entrer leurs femmes dans leur vie. Ils en ont tellement qu'ils ne veulent pas continuer à présenter de nouvelles personnes à leurs amis et à leur famille. Ils sont confiants et laissent la balle tomber dans le camp de leur cible, afin que celle-ci puisse les poursuivre à leur place. Leur but ultime est le sexe, le plus rapidement possible.

Il existe plusieurs types de joueurs. Ils peuvent être le seul homme décent et/ou célibataire de leur bureau ou de leur ville, et les femmes affluent vers eux ! D'autres sont connus pour l'attention qu'ils accordent au sexe opposé, en leur offrant des boissons, des compliments et des ours en peluche. Ou encore, un homme peut jouer la carte du mystère, en laissant échapper de petits indices sur sa vie et la complexité de son identité... mais personne n'obtient toutes les informations, même si toutes les femmes essaient de les découvrir ! Et, bien sûr, il y a le mauvais garçon, difficile à prévoir et jamais ennuyeux. Quand les gens disent qu'il est le mauvais garçon, les femmes font la queue à la porte pour essayer de leur prouver qu'elles ont tort. Elles ne le feront pas. Il ne trouvera jamais une relation à long terme dans laquelle il a envie d'être.

Quel que soit le type de joueur qui vous attire, cela signifie être super cool et jouer selon ses propres règles. Vous ne pouvez pas être comme tous les autres gars, sinon vous vous fondrez dans la masse. Les femmes veulent quelqu'un qui ose être différent. Montrez-leur que vous êtes différent. Pour être cool, vous devez être au-dessus de tout. Personne ne réagit bien au désespoir, alors suscitez leur curiosité à votre sujet. Intriguez-les, mais ne leur donnez pas tout de suite ce qu'elles veulent. Gardez-les accrochés. Jouer la carte de la difficulté à obtenir fonctionne pour vous dans cette situation. Les gens veulent toujours ce qu'ils ne peuvent pas avoir, alors faites savoir à votre cible qu'elle ne peut pas vous avoir et regardez-la essayer !

Les femmes aiment les hommes qui ont de l'esprit. Si un homme parle assez rapidement et sur un ton monocorde, il peut induire une quasi-transe chez sa cible. C'est l'un des avantages de la programmation neuro-linguistique ou PNL. Un joueur travaille avec tous ses sens, pas seulement les mots, mais l'odeur, la vue et le toucher. Il fait également appel à son cerveau et lui demande ce qu'elle pense. Il peut être enjoué et définitivement imprévisible. Il peut la surprendre avec des cadeaux ou l'emmener dans un endroit spontané. En plus d'être intelligent et char-mant, un bon séducteur a plusieurs atouts dans sa manche. Il peut agir comme le héros qui essuiera ses larmes. Si la femme a des problèmes dans sa relation actuelle, le séducteur peut lui dire à quel point elle a l'air triste.

A l'inverse, vous agissez comme si vous aviez besoin de sa protec-tion, de son épaule pour pleurer. Vous avez des problèmes dans votre relation actuelle, qu'elle soit romantique ou non. Mais il peut aussi s'agir d'un problème au travail ou avec des amis. Vous montrez une certaine vulnérabilité et vous lui donnez l'impression d'être le plus fort. Agir comme un homme romantique est également un excellent moyen d'atti-rer la cible. Citer des citations classiques ou lui lire de la poésie est une astuce qui séduit la plupart des femmes. En prêtant attention à ce que la cible veut, vous pourrez déterminer si elle est une "mauvaise fille" ou une bonne fille. Mais, quelle qu'elle soit... jouez sur le contraire. Si c'est une bonne fille, elle veut être mauvaise, ou au moins goûter au fruit dé-fendu. Si c'est une mauvaise fille, elle veut de la romance. Si vous êtes attentif aux détails, vous pourrez faire quelque chose de spécial pour elle qu'elle appréciera et elle commencera à baisser sa garde.

Vous pourriez même essayer de lancer une rumeur sur vous ! Quelque chose de calculé pour séduire, ou quelque chose sur lequel une femme sera encline à vous défendre. Comme pour toutes les techniques de séduction, soyez délibéré à ce sujet. Ne laissez pas accidentellement échapper certaines informations vous concernant, ou ne permettez pas à quelqu'un d'autre de lancer des rumeurs. Calculez votre approche et vos manœuvres.

On peut être un salaud et séduire beaucoup de femmes, mais il faut être authentique et insouciant. Vous êtes un salaud parce que vous ne vous souciez pas des résultats, de la société ou des règles. Mais si vous êtes rancunier parce que vous réagissez à quelque chose qui vous tient à cœur, vous ne parviendrez pas à attirer les femmes. La distanciation fonctionne bien, surtout avec les femmes.

En ce moment, vous vous demandez peut-être pourquoi être un joueur et un connard indifférent fonctionne si bien pour attirer les femmes dans votre lit. Cela s'appelle l'hypothèse des "fils sexy".[15] Les femmes veulent avoir des fils qui seront attirants pour le sexe opposé, donc elles auront des rapports sexuels avec des hommes qui sont attirants pour d'autres femmes. On pense que l'orgasme féminin est un moyen de rendre la fécondation de l'ovule plus probable. L'évolution veut que l'orgasme se produise avec les partenaires les plus désirables. Dans ce contexte, "désirable" signifie posséder les gènes que les femmes veulent transmettre à leurs fils potentiels pour qu'ils puissent attirer des femmes désirables. Des recherches ont montré que les femmes ont plus d'orgasmes avec des hommes que les autres femmes trouvent également séduisants, ce qui contribue à valider l'hypothèse des fils sexy.

Jeux d'esprit et séduction secrète

Les suggestions précédentes étaient un peu évidentes, mais nous allons maintenant nous pencher sur des activités qui ne sont peut-être pas aussi claires pour les deux participants au jeu. Ces types de jeux utilisent l'esprit de la cible contre elle un peu plus que les autres que vous avez lus jusqu'à présent.

Lecture à froid

Une façon de commencer à manipuler l'esprit d'une femme est d'essayer la "lecture à froid", qui est la même tactique que celle utilisée par de nombreux soi-disant médiums et lecteurs de pensées. Vous devez être capable de lire le langage corporel des femmes pour que cette tactique fonctionne. Vous y faites des suggestions qui s'appliquent à de nombreuses femmes et laissez son esprit et son imagination faire le reste. C'est particulièrement efficace si vous lisez les lignes de la main, car vous pouvez alors laisser le sens du toucher opérer sa magie. Que vous

---

[15] https://www.psychologytoday.com/intl/blog/slightly-blighty/201508/the-sexy-sons-theory-what-women-are-attracted-in-men

fassiez ou non une lecture à froid, assurez-vous de rester enjoué et inté-ressant.

Quels sont les principes de base d'une lecture à froid ? Que vous jouiez le jeu de la séduction ou que vous vous présentiez comme un mé-dium ou un lecteur de cartes de tarot, vous opérez sur la même base de suppositions - que les gens sont plus semblables qu'ils ne sont différents et que les événements majeurs de la vie sont les mêmes pour tous : nais-sance, puberté, travail, mariage, avoir un enfant, vieillissement et mort. Les gens ne consultent pas les lecteurs froids parce qu'ils sont heureux, mais parce qu'ils essaient de résoudre un problème. La plupart du temps, ces problèmes sont dus à l'amour, à l'argent, à la santé ou à l'absence de celle-ci. Un bon spécialiste de la lecture à froid, celui qui peut en vivre, a un sens aigu du détail. Il remarque les bijoux, la peau, les vêtements et autres accessoires qui lui indiquent quel est le problème probable. Il se peut que vous n'ayez pas ce sens du détail ou même que vous ne vous en souciiez pas beaucoup. Mais la plupart des gens, même si nous avons des objectifs et des aspirations différents, partagent la même vision de la vie. De nombreuses croyances sont dictées par la culture, donc si vous con-naissez la culture de la femme, vous en savez probablement déjà beau-coup sur ses croyances et ses perspectives.

Il s'avère que vous pouvez vous en sortir assez bien même avec un "baratin de base", tant qu'il est suffisamment vague pour couvrir un grand nombre de femmes. Les meilleurs discours sont aux trois quarts positifs et un quart négatif.[16] Tant que vous êtes confiant et que vous agissez comme si vous saviez ce que vous faites, votre cible sera proba-blement convaincue que vous avez bien lu en elle et elle sera étonnée de ce que vous savez. Cela fonctionne parce que lorsqu'une personne entend des déclarations potentiellement contradictoires, son cerveau commence immédiatement à essayer de donner un sens aux choses. Mettez-les en-semble d'une manière cohérente. Une bonne tactique vague à utiliser consiste à parler de différentes parties d'elle. Vous pouvez opposer deux parties : "Ton sourire est si innocent, mais je peux voir quelque chose de

---

[16] https://heartiste.net/cold-reading-is-a-potent-seduction-tactic/

plus sombre dans tes yeux." Ou parfois, ils sont d'une certaine façon - disons, aventureux et audacieux - et d'autres fois, ils sont timides et ne veulent pas prendre de risques. Comme cela s'applique à la plupart des gens, on peut dire que c'est assez sûr ! Si vous connaissez quelques éléments de base du langage corporel, vous pouvez également les utiliser. "Je sais que vous êtes émotionnellement fermé parce que vous vous tenez là, les bras croisés sur votre poitrine."

Commencez votre lecture à froid de manière ludique. Vous pouvez même lui dire que vous êtes un médium, pour l'intriguer. Vous pouvez également commencer par une déclaration générale qui est probablement vraie et partir de là. Vous voulez faire ressortir ses émotions, vous pouvez donc commencer par une émotion "négative", comme l'anxiété, puis lui dire quelque chose de positif à ce sujet. Une fois que vous avez effectué quelques lectures à froid génériques, utilisez une lecture à froid plus délicate, comme l'exemple "fermé" ci-dessus. Les femmes que vous lisez à froid seront surprises par tout ce que vous savez, ce qui fait tomber leurs défenses, et vous pouvez donc en apprendre beaucoup sur elles à un niveau plus profond qu'avec d'autres techniques. Comme vous en savez déjà beaucoup sur elles, il n'est pas très grave qu'elles vous avouent leurs faiblesses. Cela vous permet d'établir un lien avec votre cible, surtout si elle est conventionnellement attirante et qu'elle n'a l'habitude que des hommes qui commentent son apparence. Vous pouvez ajouter quelques déclarations sur le sexe ou la répression pour l'amener à penser à votre objectif ultime, même si c'est inconsciemment.

Plus vous ferez de lecture à froid, plus cela deviendra facile. D'un simple coup d'œil, vous serez en mesure de lire vos cibles et de leur montrer votre incroyable pouvoir. C'est un excellent moyen d'établir une relation tout en mettant la femme à l'aise avec vous, car vous "découvrirez" des choses que vous avez en commun. La lecture à froid ne va probablement pas amener une femme à aller jusqu'au lit avec vous, vous devrez donc utiliser d'autres méthodes. Mais c'est un moyen rapide d'attirer l'attention d'une femme et de lui montrer des pouvoirs inhabituels, à moins qu'elle ne s'identifie comme une sceptique, auquel cas elle se moquera de vous pendant que vous tentez votre lecture ! Il se peut également que vous découvriez, au fur et à mesure que vous en savez plus sur elle, que vous n'avez pas vraiment envie de passer plus de temps avec elle et que vous puissiez vous retirer avec élégance !

Survoler et disqualifier

Une autre tactique est connue sous le nom de "hover and disqualify". Vous pouvez probablement deviner ce que cela signifie ! L'avantage est qu'elle peut fonctionner quel que soit votre niveau de jeu, ou le type de personnalité de séducteur le plus proche de la vôtre.

Premièrement, vous vous approchez physiquement de votre cible, pour qu'elle vous voie. Le mieux n'est pas de le faire de manière effrayante, mais de trouver une raison (plausible) d'être dans son voisinage. Si elle est au bar, vous avez l'excuse de lui offrir un verre. Si elle se trouve ailleurs, vous pouvez sortir votre téléphone et faire semblant de le consulter. Ne vous perdez pas dans vos notifications au point d'oublier pourquoi vous avez choisi cet endroit particulier ! Ne lui faites pas face, mais il est préférable d'être dans une position qui vous permette de voir ce qu'elle fait, au cas où vous verriez un bon moment pour vous approcher. C'est la partie "hover".

Ensuite, vous voulez donner l'impression de la disqualifier en tant que partenaire potentielle en regardant ouvertement une autre femme pendant que vous vous trouvez près de votre cible. Cela suscitera un peu de jalousie et la chauffera un peu. Vous devrez vous assurer qu'elle vous voit en train de mater les autres femmes, donc vous devrez peut-être être plus direct que subtil. Si une autre femme a de superbes fesses, montrez-lui que vous les regardez.

La technique "planer et disqualifier" fait plusieurs choses pour vous. Tout d'abord, comme vous ne regardez pas directement votre cible, vous ne semblez pas trop intéressé par elle, ni trop en manque d'attention. Rester près d'elle mais regarder d'autres femmes envoie des signaux contradictoires. Les gens trouvent ces signaux confus et séduisants, alors plus vous en envoyez, mieux c'est ! La jalousie est une émotion sexy et votre cible peut voir votre attention pour une autre femme comme un défi pour elle. Les femmes adorent les défis ! Une fois que vous avez exécuté la technique, vous pouvez approcher votre cible. Vous pouvez le faire tout de suite, si l'occasion se présente, et vous pouvez le faire en douceur. Sinon, vous devrez peut-être vous éloigner pendant une courte période, puis revenir.

Il faut faire attention à certaines choses avec cette technique, sinon elle risque de ne pas fonctionner. Ne regardez pas la "disqualification" trop longtemps, ou vous aurez l'air effrayant. Remarquez-la, regardez une caractéristique manifestement attirante, mais détournez le regard une fois que vous êtes sûr que votre cible l'a remarqué. Il est également possible que votre cible soit tellement gênée qu'elle ne se montre pas à la hauteur de l'événement : elle se laisse faire sans se battre ni résister. Vous pouvez essayer de lui montrer un peu plus d'attention si cela se produit, mais il se peut que vous deviez simplement passer à autre chose.

Negging

La technique dont vous avez probablement entendu parler en matière de drague est la "négation". Vous adressez une insulte légère (trop légère pour être offensante) à une femme, ce qui est surprenant car les hommes ne font généralement pas cela aux femmes avec lesquelles ils veulent avoir des relations sexuelles ! L'élément de surprise est une nouveauté dont le cerveau humain a besoin. Les femmes, en particulier celles qui sont très attirantes, n'ont pas l'habitude de recevoir autre chose que des éloges. Vous vous distinguerez dans la foule en utilisant cette tactique. La négation exprime un léger désintérêt pour la femme, ce qui, là encore, est inhabituel et attire l'attention. Cela vous donne le contrôle de la situation. Elle essaie maintenant de gagner votre approbation, suite au compliment que vous lui avez adressé, et non plus l'inverse. Même si vous ne vous considérez pas comme un artiste de la drague, vous pouvez utiliser la négation pour pimenter un peu vos interactions.

La négation doit être utilisée avec précaution. Il est destiné aux femmes physiquement très séduisantes car, pour elles, un compliment détourné est inhabituel. Pour les femmes qui ne sont pas conventionnel-lement attirantes, ce n'est pas forcément une nouveauté. Lorsqu'il est fait de manière directe, il ne fonctionne pas très bien car les femmes le trou-vent effrayant. Il est préférable de l'utiliser après un peu de flirt et de va-et-vient avec la femme et de le dire sur un ton coquet ou enjoué.

Preuve sociale

La tactique de la preuve sociale est également une bonne tactique à utiliser, quelle que soit la manière dont vous avez pratiqué la séduction. Elle repose sur l'hypothèse que la plupart des gens font que si de nom-breuses personnes font un certain choix, il doit s'agir de la bonne option. Par exemple, dans quel restaurant allez-vous ? Celui qui n'a pas de clients, ou celui qui est bondé de clients ? Vous allez dans celui qui est animé parce que vous supposez que quelque chose ne va pas dans l'autre si personne n'y mange.

Cela fonctionne même avec des choses comme le choix d'aller à l'université. Si vous vivez dans un endroit où personne ne va à l'univer-sité après avoir terminé ses études secondaires, vous n'irez probablement pas non plus. D'un autre côté, si toutes les personnes que vous connaissez vont à l'université, il est probable que vous y alliez aussi. Quand achète-rez-vous un cours en ligne : lorsque vous verrez une publicité qui a l'air bien et qui vous dira à quel point le cours est bon, ou lorsque vos amis vous diront à quel point le cours a changé leur vie ? Naturellement, vous allez suivre les recommandations de vos amis.

Comment cela fonctionne-t-il dans le domaine de la séduction ? La preuve sociale, c'est lorsque vous êtes entouré d'autres femmes ou que vous êtes connu pour avoir eu des relations sexuelles avec d'autres femmes. Elles veulent être avec vous, donc votre cible reconnaîtra qu'elle doit vous choisir parce que vous êtes l'option socialement correcte.

Il y a trois façons principales de construire une preuve sociale, rela-tivement rapidement. La première consiste à être vue en compagnie d'autres femmes. Cela fonctionne mieux si votre public est composé de jeunes femmes séduisantes. Cela fonctionne encore si vous avez un ami cool et que vous traînez avec lui et son équipe. Vous obtiendrez un certain effet d'entraînement. Vous pouvez également vous approcher d'une autre femme ou d'un groupe de femmes et commencer à leur parler de manière animée et, à un moment donné, vous excuser pour avoir une conversation avec votre cible. C'est un peu comme la disqualification, mais pas tout à fait la même chose.

La deuxième façon est d'être un papillon social et de travailler dans la salle. Plus vous rencontrez de gens, plus les gens veulent vous rencontrer. C'est comme ça que fonctionne l'animal social. Lorsque les gens veulent vous parler, vous donnez l'impression d'avoir un statut élevé. Vous devez vraiment être "quelqu'un" si tout le monde veut vous rencontrer ! Vous serez intriguant et les femmes voudront faire votre connaissance. L'inconvénient de ce type de preuve sociale est qu'il est trop facile de passer en mode "amuseur" et d'oublier la raison de votre présence ici. Ou bien vous serez sur une telle énergie maniaque que vous ne serez pas capable de la retirer pour être cool et indifférent lorsque vous devrez aborder une femme.

Continuez à vous déplacer dans la foule jusqu'à ce que vous trouviez une femme que vous avez envie de mieux connaître. Ne restez pas coincé à parler à quelqu'un qui n'est pas intéressant (homme ou femme) pendant trop longtemps. Mais, une fois que vous avez trouvé cette femme intrigante, vous devez avoir les moyens d'arrêter de papillonner et de travailler sur elle.

Enfin, trouvez un endroit où l'on vous connaît. Si vous n'en avez pas déjà un, vous pouvez vous en trouver un. Vous voudrez un bar ou une boîte de nuit où vous pourrez faire connaissance avec le personnel et les habitués. Il doit également s'agir d'un endroit où il y a beaucoup de roulement, ce qui signifie que de nouvelles femmes apparaissent régulièrement. Vous ne voulez pas choisir un endroit où vous ne verrez que les mêmes visages à chaque fois que vous y allez, car votre jeu s'épuisera très vite. Il doit également s'agir d'un lieu où les femmes cherchent à rencontrer de nouveaux partenaires, et non d'un café ou d'un salon de thé où elles se rendent pour passer du temps avec leurs amis. Elles doivent venir dans cet endroit dans l'idée de trouver un homme avec qui passer un moment sexuel ou romantique. L'idéal est que le lieu dispose de petits coins ou de tables où vous pouvez amener une femme pour qu'elle s'éloigne de l'énergie débordante et se concentre sur votre séduction. Le mieux, c'est un lieu qui a plusieurs étages et des espaces distincts, de sorte que vous pouvez changer de lieu sans vous déplacer.

Pour renforcer votre crédibilité une fois que vous avez trouvé un tel endroit, allez-y régulièrement. Comme pour vos séances d'entraînement, vous n'avez pas besoin d'y passer beaucoup de temps, mais vous devez y faire des apparitions régulières. Pour apprendre à connaître le personnel, il est préférable de venir un peu plus tôt ou à des heures creuses, afin qu'ils ne soient pas trop occupés pour passer un peu de temps avec vous. Mettez-vous à l'aise et explorez tout ce qu'il a à offrir. Vous voulez savoir où vous pouvez emmener une femme pour un tête-à-tête séduisant. Étudiez-le, afin de savoir quand les femmes arrivent généralement et de pouvoir être là pour les nouveaux venus.

Kino-escalade

Vous avez déjà entendu parler de la kino-escalade ? Elle s'appuie sur le pouvoir érotique du toucher pour vous aider à vous rapprocher de la femme avec laquelle vous souhaitez avoir des rapports sexuels. Rappelez-vous que le toucher aide à libérer l'ocytocine, un neurotransmetteur qui crée des liens. Toucher une femme en dit long sur vous, et c'est tant mieux. Cela montre que vous êtes confiant et que vous ne vous inquiétez pas de savoir si vous allez l'effrayer. Cela démontre que vous êtes un homme physique. Les femmes trouvent très sexy les hommes confiants qui n'ont pas peur de toucher. Tout comme pour votre discours, vous devez toucher une femme avec assurance et de manière délibérée. Sinon, vous aurez l'air incertain, ce qui vous rebutera.

Lorsque vous commencez la nuit, vous devrez souvent vous rapprocher et vous toucher pour qu'elle puisse entendre ce que vous dites. Mais si vous commencez par le toucher pendant la journée, vous ne pouvez pas chuchoter à son oreille lors de votre première rencontre, c'est trop effrayant. Adaptez en conséquence.

Il est beaucoup plus difficile de séduire une femme si vous n'utilisez pas la kino-escalade. Le toucher est très puissant ! Si elle vous donne des signaux positifs, vous pouvez continuer. Ces signaux se manifestent par le fait qu'elle se penche vers vous et peut même vous rendre la pareille. Si elle est neutre, elle ne bougera pas et ne vous touchera pas en retour. Si la réponse est négative, il s'éloignera de vous. Si vous recevez un signal neutre ou négatif, cela ne signifie pas nécessairement que vous devez abandonner. Elle n'est pas à l'aise avec vous pour le moment, alors reculez et laissez-lui du temps avant de réessayer. Si elle vous envoie un signal indiquant que vous êtes allé trop loin, vous pouvez vous retirer calmement et délibérément. Ne retirez pas votre main d'un coup sec comme si vous aviez touché quelque chose de chaud, car cela donne également l'impression que vous n'avez pas confiance en vous. Même avec le toucher, vous ne devez pas être constant ou prévisible. Si elle montre qu'elle aime une certaine façon dont vous la touchez, arrêtez-vous un moment. Vous recommencerez plus tard.

Lorsque vous vous touchez, n'y allez pas par quatre chemins. Les contacts légers sont de mise - son bras brièvement quand vous voulez faire une remarque, votre genou contre le sien quand vous êtes serrés l'un contre l'autre. Ne laissez pas votre main sur elle comme un poids mort. Vous pouvez vous introduire dans le kino en lui touchant l'épaule en signe d'approbation. Ce n'est pas sexuel, mais c'est un toucher, et il ouvre la voie à d'autres gestes. Lorsque vous la conduisez d'un endroit à un autre, tenez-lui la main. Rappelez-vous qu'un bon endroit pour vous faire connaître est un endroit avec des espaces séparés. C'est une excellente idée de la faire passer d'un endroit à un autre et vous pouvez lui tenir la main pendant que vous le faites.

Une fois que vous avez entamé une conversation, vos contacts peuvent être un peu plus longs : câlins, caresses. Tenez-la par la taille, surtout en boîte de nuit lorsque vous avez du mal à parler par-dessus la musique. L'avantage de tenir sa taille est que vous pouvez évaluer si vous pouvez l'embrasser. Même un baiser est un kino. Embrassez-la de la même manière que vous le faites pour le reste de vos attouchements : délibérément et sans hésitation. Si elle se retire, laissez-la partir, et réessayez un peu plus tard si elle vous fait signe de continuer.

Les boîtes de nuit sont idéales pour danser. De nombreuses femmes aiment danser et vous pouvez lui tenir la main en l'entraînant sur la piste. La danse vous permet également d'être physiquement beaucoup plus proche d'elle et de la toucher plus intimement.

Tant que cela ne pose pas de problème dans votre établissement, vous pouvez passer au pelotage et à la drague, à mesure qu'elle se sent plus à l'aise avec vous. Mais si tu ne peux pas conclure l'affaire, c'est une mauvaise idée. Elle se calmera et reconnaîtra ce que vous essayez de faire, au lieu de rester bloquée sur le moment. Si vous parvenez à la faire venir sur place, l'embrasser est un excellent moyen d'intensifier le contact. Vous voulez qu'elle meure d'envie d'entrer dans votre pantalon, alors excitez-la par le toucher. Embrassez son cou, jouez avec ses cuisses, et utilisez vos doigts avec beaucoup d'efficacité.

La clé avec le kino est de monter en puissance. Commencez doucement, en effleurant ses épaules ou ses bras. Si vous y allez trop fort et trop vite, vous risquez de la dégoûter. Surveillez ses réactions : si elle veut que vous reculiez, faites-le en douceur et délibérément. Laissez-lui quelques instants avant de recommencer et vous pouvez commencer par des contacts légers (kino mineur). Assurez-vous qu'elle est à l'aise avec les contacts légers avant de passer aux contacts moyens (kino moyen). Et, encore une fois, avant de faire l'amour (kino majeur). Toutes les phases doivent être respectées ou vous serez rejeté pour être allé trop vite trop tôt.

La psychologie féminine et la méthode Shogun : Une vue d'ensemble

Le chapitre suivant aborde plus en détail la méthode Shogun, mais sachez que vous pouvez utiliser la psychologie féminine pour susciter son intérêt pour vous. Cela implique de la rendre heureuse, mais elle doit également vivre des expériences extrêmement négatives avec vous.

Si vous n'avez pas peur de coucher à droite et à gauche, si vous n'avez pas peur d'utiliser des techniques de manipulation mentale et si vous acceptez de faire souffrir un peu une femme pour qu'elle soit à vous, vous devriez envisager la méthode Shogun. Elle est un peu controversée et peut être considérée comme manipulatrice, mais si vous êtes d'accord, elle peut fonctionner. Si vous êtes un psychopathe qui aime faire du mal aux femmes ou si votre objectif est de coucher avec autant de femmes que possible jusqu'à votre mort, vous devriez passer à une autre technique.

Résumé du chapitre

- Il existe des astuces courantes qui permettent aux hommes de séduire les femmes, parmi lesquelles le fait d'être un joueur ou un Casanova.
- Les opérations plus secrètes comprennent des jeux d'esprit, comme le négationnisme, la lecture à froid et le "survol et disqualification".
- Une technique de séduction plus puissante est la méthode Shogun qui consiste à faire souffrir mentalement les femmes pour qu'elles soient à vous.

Dans le chapitre suivant, vous apprendrez tout sur la méthode Shogun et d'autres tactiques de séduction plus sournoises.

CHAPITRE SEPT

Les tactiques sournoises de séduction

Jusqu'à présent, les techniques dont nous avons parlé étaient un peu plus inoffensives. Oui, ce sont des jeux d'esprit, mais la femme a toujours le choix de faire marche arrière ou de ne pas être docile. Il existe des façons plus sournoises de séduire une femme, qui impliquent davantage de manipulation et de tromperie. Dans ces techniques, le consentement n'est pas nécessairement entièrement mutuel, parce qu'elle peut ne pas être consciente de ce que vous faites. Mais elles dureront plus longtemps et seront plus permanentes, par rapport à certaines des stratégies des artistes de la drague qui sont conçues pour le court terme.

Méthode Shogun

Lorsque vous utilisez cette tactique, vous avez franchi la ligne et êtes passé de la séduction à l'asservissement. L'astuce consiste à isoler la femme et à la séparer de sa famille et de ses amis, afin qu'elle finisse par dépendre de vous. (N'oubliez pas que vous ne devez pas utiliser cette tactique si tout ce que vous voulez vraiment faire, c'est les aimer et les quitter).

Pour que la méthode Shogun fonctionne, il faut suivre une feuille de route étape par étape, connue sous le nom de feuille de route IRAE. Ces lettres signifient Intriguer, Rapprocher, Attirer, et enfin, Asservir. Commencez par l'intriguer, puis établissez un rapport. Si vous y parvenez, vous l'attirerez vers vous. Ensuite, et seulement ensuite, vous pourrez l'asservir mentalement, c'est-à-dire la rendre totalement dépendante de vous sur le plan émotionnel, pour la vie. Si vous essayez de suivre ces étapes dans le désordre, ça ne marche pas. Si vous essayez de construire un rapport sans l'intriguer, vous n'aurez pas une base assez profonde avec elle. Et il ne peut pas y avoir d'attirance assez profonde sans construction de rapport et ainsi de suite.

La communauté PUA met l'accent sur le jeu intérieur des hommes, mais la méthode Shogun exploite les faiblesses de la psychologie des femmes. Les séquences Shogun sont conçues pour attirer l'attention de la femme et l'amener à faire les choix que vous souhaitez qu'elle fasse. Tout ceci est basé sur la science - pas sur le contrôle de l'esprit comme dans les films, mais sur des principes basés sur ce que nous savons du cerveau, y compris la PNL et la psychologie appliquée. Des études montrent que les femmes peuvent être polygames et hypergames : elles "changent de partenaire" si un meilleur homme que celui qu'elles ont actuellement se présente. Il s'agit d'une opportunité pour un praticien du Shogun qui le souhaite, mais aussi d'un risque.

Cette méthode peut aider les hommes à sortir de la zone d'amis, à se remettre d'un chagrin d'amour et à repartir à zéro, et même à faire revenir une ex qu'ils ne veulent pas laisser partir. Les adeptes de cette méthode affirment qu'il n'est pas nécessaire d'en savoir beaucoup sur les femmes, tant que vous suivez les étapes comme indiqué et que vous avez une compréhension de base de la science, cela fonctionnera.

Chacune des étapes de l'IRAE possède ses propres séquences, ou modèles, pour vous aider à attirer la femme :

Pendant la phase d'Intrigue, vous voulez qu'elle soit attirée par vous. Une façon de procéder consiste à ancrer les sentiments qu'elle éprouve pour un objet quelconque sur vous. Identifiez sa passion et demandez-lui de la transférer sur vous. Si elle a une puissance supérieure ou croit en de telles choses, vous pouvez l'utiliser pour créer une intrigue dans son esprit. Posez-lui des questions sur l'amour et les relations. Si c'est une belle femme, faites-lui savoir que vous êtes intéressé par quelque chose de plus que son apparence.

L'établissement de rapports est similaire aux techniques utilisées par les artistes de la drague. Mais vous allez aller un peu plus loin qu'eux.

Vous trouverez sa faiblesse cachée et montrerez que vous êtes la solution à son vide. Tous les êtres humains ont besoin d'appartenir à un groupe et vous allez donc créer un groupe commun qui ne sera composé que de vous deux.

Une fois que vous avez établi ce rapport profond, il est temps de passer à l'étape de l'attraction. En vous appuyant sur votre univers commun, vous lui montrerez à quel point vous vous ressemblez. Invoquez l'homme de ses rêves, en montrant ses similitudes avec vous... et la grande différence entre son petit ami actuel et l'homme de ses rêves (si elle a actuellement un petit ami dont vous devez vous débarrasser). Ensuite, vous lui montrerez que vous êtes le petit ami parfait.

L'étape d'asservissement comporte deux phases. La première consiste à isoler votre cible de son environnement actuel, afin qu'elle devienne dépendante de vous. Ensuite, vous utilisez la séquence de la Rose noire, expliquée ci-dessous, pour effacer son identité actuelle et la remplacer par une identité qui vous est soumise. Cette étape n'est pas possible si vous n'avez pas passé les trois précédentes.

Commandes implantées

Comme vous le savez probablement, personne, y compris les femmes, ne réagit bien aux ordres directs. Mais que se passe-t-il si vous plantez une graine dans le subconscient ? C'est la technique derrière les commandes implantées. Au lieu de lui ordonner de faire quelque chose directement, vous le camouflez de manière à ce qu'elle soit charmée. Vous avez un ordre direct dans votre déclaration, c'est ce qui est implanté, mais vous ne donnez pas un ordre réel.

Voici un exemple : "Je pourrais te dire de t'engager avec moi, mais quelqu'un comme toi a besoin de tout considérer attentivement avant de faire le bon choix." "Engage-toi avec moi" est l'ordre direct, mais ce n'est pas ce qu'elle entend. Et pourtant, c'est ce que son subconscient absorbe.

Fractionnement

C'est Freud qui a découvert cette tactique psychologique.[17] Elle utilise l'hypnose, la persuasion et la psychologie pour découvrir les secrets d'un cerveau particulier. Elle peut être utilisée au cours de n'importe laquelle des étapes de l'IRAE. Généralement, dans le milieu de la séduction, le fractionnement est une combinaison de l'hypnose et de l'utilisation efficace du langage corporel pour établir une connexion émotionnelle avec la femme. Vous la mettez en transe et l'en sortez, de manière répétée, ce qui conduit à sa dépendance émotionnelle à votre égard.

Si l'éthique vous préoccupe, sachez que les vendeurs et Hollywood font cela aussi ! Ils vous mettent en transe, vous ramènent à la réalité et vous y plongent à nouveau. Dans cette technique, vous racontez une histoire où les émotions s'opposent rapidement, passant de la joie à la tristesse et inversement. Ses émotions doivent être sur des montagnes russes : en haut, en bas, de côté ! Un peu de confusion, c'est bien. Intensifiez les sentiments au fur et à mesure. Vous pouvez même le faire en une seule phrase, dans laquelle vous exprimez votre approbation de la faiblesse perçue de la femme ou votre désapprobation de ses attributs positifs.

Au lieu de l'histoire, vous pouvez aussi lui poser des questions, en allant et venant du présent au futur - encore mieux si vous ancrez ses pensées positives à vous. Vous pouvez aussi le faire physiquement, en lui demandant de vous suivre. Éloignez-vous chaque fois un peu plus. Pouvez-vous fractionner par texto ? Dans le cadre d'un asservissement en face à face, oui, mais cela ne fonctionne pas tout seul. C'est une bonne méthode lorsque vous ne la connaissez pas très bien et que vous en êtes encore au stade de l'intrigue et du rapport. Si vous êtes déjà avec elle - par exemple, si vous cherchez à asservir votre femme - vous voulez renforcer l'attraction en utilisant des commandes implantées.

Vous devrez envoyer deux textos pour vous assurer que l'ordre lui échappe et qu'elle se concentre sur la deuxième partie du message, celle

---

[17] https://sibg.com/using-fractionation-in-seduction/

qui l'attire. L'ordre est implanté dans son subconscient par le biais du premier message. Comme toujours, surtout lorsque vous exprimez votre désapprobation, vous devez le faire avec assurance. C'est elle qui doit vous courir après, et non l'inverse.

Séquence rose noire

C'est la dernière étape du processus IRAE et l'asservissement est ici complet. L'identité de votre cible est effacée, pour être remplacée par une identité qui se soumet à vous émotionnellement. Rappelez-vous, nous ne parlons pas d'asservissement physique ! C'est une forme de fractionnement, où les montagnes russes vont très haut et très bas. Vous utilisez l'hypnose pour qu'elle soit tellement absorbée par le personnage que vous avez créé que son expérience avec vous est émotionnellement intense. Vous lui ferez ressentir ces hauts et ces bas dans son corps et elle passera du plaisir à la douleur. Cela induit une transe, pendant laquelle vous pouvez introduire une identité plus soumise.

Il est plus facile de la mettre dans le bon état d'esprit si vous lui demandez de faire semblant d'être hypnotisée. L'esprit a du mal à jouer un rôle, ce qui l'aidera à entrer dans la transe que vous cherchez à induire. Donnez-lui des affirmations positives (pas sur son corps, mais sur d'autres caractéristiques, pour éviter qu'elle ne doute d'elle-même). Ensuite, créez avec elle un monde futur très vivant, en veillant à solliciter tous les sens. Si vous voulez implanter le sexe, par exemple, vous pouvez créer une projection vivante de vous deux dans une relation romantique. À ce stade, il ne faut pas être grossier ou vulgaire. Donnez-lui un petit coup de pouce à la fin - "Bien sûr, ça n'arriverait pas !" Vous pouvez également utiliser cette méthode pour vous débarrasser d'un petit ami - imaginez l'amant de rêve dont les traits sont similaires aux vôtres et son amant actuel sera bien loin.

La projection dans l'avenir est essentielle pour qu'elle développe cet attachement émotionnel à vous et à votre avenir imaginé ensemble.

Résumé du chapitre

- D'autres tactiques secrètes utilisent le pouvoir du contrôle mental pour avoir et dominer la femme que vous voulez.
- La méthode Shogun utilise un processus en quatre étapes et des séquences au sein de ces étapes pour contrôler la femme que vous désirez.

Dans le prochain chapitre, nous nous concentrerons sur les secrets des séductrices à succès.

CHAPITRE HUIT :

Seductress Secrets of Seduction

Bien que les hommes et les femmes attendent des choses similaires de la vie, les astuces utilisées par une séductrice sont un peu différentes de celles de ses homologues masculins. Comme je l'ai dit précédemment dans le paradoxe de la séduction, les hommes et les femmes veulent être séduits. Ils veulent ressentir le frisson de l'attention et faire l'expérience du charme et de l'attrait utilisés dans la séduction.

Les ambiguïtés de la séduction

Les hommes utilisent depuis longtemps leur pouvoir physique et leur statut pour dominer les femmes et les autres hommes. Pourtant, les hommes ne sont pas les seuls à s'approprier le pouvoir des autres et à l'utiliser à leur avantage. Alors que les séducteurs masculins ont tendance à être calmes et confiants, les femmes s'habillent et se maquillent de manière séduisante pour attirer un partenaire potentiel. Tant les femmes que les hommes sont à la merci de leur cerveau "lézard" - les parties que nous avons héritées de nos ancêtres reptiliens. Cette partie du cerveau est très différente de notre cerveau humain rationnel et réfléchi. La séduction fait appel au cerveau de lézard et la logique et la raison sont mises de côté lorsque nous sommes séduits. Cela est vrai pour les hommes comme pour les femmes. La société est conçue pour faire appel aux parties rationnelles et humaines du cerveau. Mais, au fond, nous sommes des animaux qui ont envie de retourner à l'état sauvage !

Introduction à la psychologie des hommes

Une astuce de séduction simple qui fonctionne sur presque tout le monde : trouvez l'émotion qui séduit le plus votre cible et donnez-en beaucoup ! Si vous sortez avec un psy, il aime se sentir perspicace. Faites-leur donc sentir que leurs idées sont à la fois bienvenues et étonnantes. Les hommes disent qu'ils apprécient l'honnêteté chez leurs partenaires. Si vous avez subi des interventions esthétiques, comme une opération des seins ou un lifting, les hommes se demandent si vous n'êtes pas malhonnête sur d'autres sujets.

Voici une astuce à laquelle vous n'avez peut-être pas pensé si vous désirez un homme intelligent : regardez les poils de son corps. Une intelligence élevée chez les hommes est corrélée à une abondante pilosité corporelle.[18] Ce n'est pas exactement une découverte attendue !

Bien que les hommes et les femmes se ressemblent plus qu'ils ne diffèrent, certaines différences spécifiques concernent la manière dont vous devez aborder les hommes que vous souhaitez séduire. La partie du cerveau qui rend les gens territoriaux est plus importante chez les hommes que chez les femmes. C'est pourquoi ils peuvent devenir violents lorsqu'ils perçoivent une menace sur leur territoire physique ou relationnel. Il en va de même pour l'amygdale, une partie du cerveau du lézard qui est intimement liée à la réaction de combat ou de fuite, mais aussi au désir sexuel.

Enfin, la zone du cerveau consacrée à la poursuite sexuelle est également beaucoup plus grande chez les hommes que chez les femmes. Les garçons commencent à fabriquer des quantités de testostérone dès l'adolescence - 20 fois plus que leurs homologues féminines - ce qui signifie qu'ils sont hormonalement et mentalement très intéressés par le sexe. C'est également pour cette raison qu'ils s'aveuglent à la vue d'une poitrine

---

[18] https://www.dailymail.co.uk/femail/article-426320/The-psychology-seduction.html

féminine : les circuits visuels de leur cerveau sont constamment à la recherche de partenaires fertiles.[19] Cela ne signifie pas qu'il pense constamment à la paire qu'il vient de regarder. L'attention vient, puis se dissipe. Ensuite, il commencera à penser à d'autres choses, comme ce qu'il y a pour le dîner. Ne vous méprenez pas sur son visage impassible, cependant. Ses réactions émotionnelles sont aussi fortes et parfois même plus fortes que celles d'une femme - il ne fait que mieux les cacher.

Peut-être parce que ses circuits visuels sont plus puissants, les hommes n'ont pas besoin d'avoir beaucoup de contexte ou de relation pour être excités. Il leur suffit de voir les parties du corps qu'ils veulent voir et c'est parti.[20] C'est pourquoi s'habiller de manière séduisante et se maquiller de manière suggestive fonctionne si bien - les hommes sont des créatures visuelles, ce qui n'est pas le cas des femmes. Les hommes ne supportent pas bien l'ambiguïté d'une hiérarchie. Leur cerveau préfère une chaîne de commandement claire et l'armée peut en fait contribuer à réduire les comportements agressifs, simplement en diminuant cette anxiété. [21]

Les hommes sont aussi souvent heureux avec un certain nombre de partenaires sexuels - la nouveauté est attrayante pour tous les cerveaux et les hommes n'ont pas la même pression sociale sur la honte de la salope. Certains d'entre eux sont très attentifs aux femmes qui se sentent seules ou qui manquent de quelque chose dans leur vie. Ils peuvent être francs quant à leurs intentions et supposer que les femmes recherchent aussi le sexe. Faire l'amour peut être une expérience transcendante.

"C'est l'extase de vouloir et d'être voulu." - Anonyme

Si vous êtes une femme intéressée par les hommes plus âgés, sachez qu'ils traversent une période de la vie appelée andropause. Si sa femme a eu des enfants, son taux de testostérone a chuté pendant qu'elle était

---

[19] http://edition.cnn.com/2010/OPINION/03/23/brizendine.male.brain/index.html

[20] https://www.psychologytoday.com/us/blog/love-and-sex-in-the-digital-age/201506/what-turns-guys-understanding-male-sexual-desire

[21] https://www.livescience.com/14422-10-facts-male-brains.html

enceinte. Pendant l'andropause, il commence à fabriquer plus d'œstrogènes. Si son taux de testostérone devient trop faible, il sera grognon et irritable et devra peut-être prendre des compléments alimentaires et faire plus d'exercice. Il pourrait être un grand-père formidable s'il a beaucoup d'ocytocine, l'hormone de l'attachement, en circulation. Il pourrait être plus affectueux avec ses petits-enfants qu'il ne l'a jamais été avec les siens. Les hommes âgés se sentent très seuls après un veuvage ou un divorce et vous pourriez être la bonne personne pour lui permettre de renouer avec la vie sociale.

Les femmes ont plus de neurones miroirs, c'est-à-dire les nerfs qui se déclenchent lorsqu'elles réfléchissent à ce que fait une autre personne. Ils sont essentiels à l'empathie, ce qui explique pourquoi les femmes sont souvent plus sensibles à leurs partenaires que les hommes. Lorsque les hommes repèrent une partenaire potentielle attrayante, leur cerveau libère de la dopamine. Ce phénomène se produit qu'ils soient en couple ou non. La décision de passer à l'acte ou non peut être désastreuse, selon les circonstances, et pourtant les hommes continuent à le faire. Pourquoi ? En grande partie à cause d'un taux de testostérone plus élevé. Un homme ayant un faible taux de testostérone est plus apte à fonder une famille et à s'y tenir. Les recherches montrent que les hommes ayant un taux de testostérone élevé ont tendance à se marier moins souvent et, lorsqu'ils se marient, ils sont plus susceptibles de tricher et/ou de divorcer. [22]

Les belles femmes déclenchent l'amygdale de l'homme à peu près au même moment où son centre de décision dans le cortex préfrontal (partie du cerveau rationnel) se déconnecte - ce qui n'est pas un bon moment pour prendre de bonnes décisions ! Des circuits visuels puissants signifient que les belles filles et le porno activent la dopamine beaucoup plus pour les hommes que pour les femmes. Les femmes ont un meilleur accès à l'hémisphère droit du cerveau, ce qui est bon et mauvais pour les relations. Il a tendance à être plus négatif, ce qui explique en partie pourquoi les femmes sont plus souvent déprimées que les hommes. Mais elles ont

---

[22] https://www.menshealth.com/sex-women/a19516672/understanding-sex-and-the-brain/

aussi une bonne vision d'ensemble, ce qui fait que les femmes larguent les hommes plus souvent que l'inverse. Elles sont plus négatives mais peuvent aussi voir plus rapidement quand quelque chose ne fonctionne pas.

Langage corporel et signaux non verbaux

La communication ne s'exprime pas principalement par des mots, comme beaucoup d'entre nous le pensent souvent. Plus de la moitié du message est transmis de manière non verbale, notamment par les gestes, la posture et les mouvements du visage. En fait, les mots représentent moins de 10 % de la communication ![23] De nombreux aspects du langage corporel sont les mêmes pour les hommes que pour les femmes. Se tenir droit, les épaules rejetées en arrière, dégage de la confiance, tandis que se tenir les bras croisés dénote une attitude défensive.

Les signes de séduction incluent un contact visuel prolongé. Le fait d'établir un contact visuel montre l'intérêt que l'on porte à l'autre personne. Regarder un peu trop longtemps puis détourner lentement le regard peut être très érotique. Vous pouvez également baisser lentement et visiblement votre regard vers ses lèvres. Léchez vos lèvres, souriez sournoisement ou utilisez d'autres expressions faciales similaires. Les attouchements sont également très suggestifs lorsqu'ils sont bien faits ! Enfin, un ton positif et agréable fait une grande différence par rapport à un ton dur lorsque vous séduisez.

Plus tôt, vous avez appris certaines des tactiques que les hommes utilisent pour séduire les femmes. Ces mêmes indices peuvent fonctionner pour les femmes qui tentent de séduire les hommes. Par exemple, la familiarité suscite l'intérêt. Ils doivent vous remarquer avant d'être attirés par vous. Le fait de marcher de long en large près de votre cible l'aide à s'habituer à vous voir. Le fait de la croiser, surtout si vous vous trouvez dans un endroit bondé, permet également d'atteindre cet objectif. En

---

[23] https://sexyconfidence.com/how-to-seduce-men-with-body-language/

outre, le mouvement attire l'attention. Vous pouvez choisir de faire tomber quelque chose - peut-être pas votre téléphone, qui pourrait se casser, mais vos clés ou une serviette. Cela attirera également l'attention.

Une autre façon d'exploiter le désir de nouveauté du cerveau humain est de paraître exotique. Si vous êtes d'une culture ou d'une ethnie différente, jouez-la. Soulignez vos différences par rapport au look standard. Cela vous aidera à vous faire remarquer dans la foule et à plaire à ceux qui aiment l'exotisme. Vous promettez l'aventure rien qu'à votre look lorsque vous n'êtes pas ennuyeux et/ou dans la norme. Les cerveaux aiment aussi la symétrie, alors faites de votre mieux pour paraître symétrique. Les bons vêtements peuvent vraiment vous y aider.

Faites-lui savoir que vous appréciez son approche. En particulier si vous êtes plus petite que lui, il peut être très efficace de baisser un peu la tête et de regarder vers le haut à travers vos cils. C'est un peu comme une petite fille et cela vous donne l'air innocent. Il saura que vous ne lui arracherez pas la tête s'il commence à vous parler !

Lorsque vous parlez à votre cible, faites un geste mignon, comme lever une épaule et incliner la tête. Ça marche ! Montrez un peu de vulnérabilité, ce qui plaira particulièrement aux hommes qui ont des fantasmes de sauveteur. Touchez votre cou, qui est un signe de faiblesse. Ou votre poignet, qui est un autre point de faiblesse. Tenez votre poignet droit avec votre main gauche et vous aurez l'air accessible.

Reflétez les mouvements qu'il fait. Est-ce que vous reflétez quelqu'un qui ne vous intéresse pas ? Bien sûr que non. Il comprendra le message. Utilisez également votre posture pour le séduire. Lorsque vous maintenez vos épaules en arrière et que vous vous tenez droite, cela fait ressortir les seins que les hommes aiment regarder. Faites-lui un sourire authentique qui atteint vos yeux, pas le sourire d'une hôtesse de l'air ou d'un autre employé de service. Faites-lui face, notamment (cela va vous paraître bizarre) avec votre nombril. Même si votre tête est détournée, la majeure partie de votre corps est orientée dans sa direction, ce qui lui indique que vous êtes intéressé. Rappelez-vous que le mouvement attire l'attention et jouez avec vos cheveux. Faites-les tourner, lancez-les en arrière et relevez-les lentement lorsque vous êtes en face de lui et laissez son imagination s'exprimer !

Jouer avec les vêtements peut aussi être très sensuel. Faire glisser votre pied lentement et délibérément dans et hors de votre chaussure. Croisez et recroisez lentement et délibérément vos jambes, en jouant avec le pendentif qui pend juste au-dessus de vos seins. Balancez vos hanches. Penchez-vous vers lui, ce qui signale votre intérêt. Vous devez également vous tenir ou vous asseoir plus près que les étrangers ne le font normalement. Pas trop près, dans la zone des amis et de la famille, mais pas trop loin pour qu'il ne puisse pas voir que vous l'attirez. Vous pouvez tourner votre épaule vers lui, poser la main opposée sur cette épaule et appuyer votre joue sur votre main, surtout si vous maintenez un contact visuel permanent.

Plus important encore, assurez-vous de porter des vêtements et des accessoires qui VOUS font sentir bien ! Ils vous aideront à avoir plus confiance en vous. Plutôt que de vous inquiéter de voir l'ourlet de votre robe se resserrer ou d'avoir ce bouton stupide qui ne cesse de glisser de la boutonnière, vous pouvez vous concentrer sur le moment où vous voulez afficher votre sourire éclatant ou lécher vos lèvres de manière suggestive. Vous pouvez également rester dans l'instant de la séduction, en faisant ce qui vous vient naturellement et ce qui vous semble juste à ce moment précis. C'est la façon la plus agréable d'être avec un homme. Vous pouvez lire ses réactions et augmenter ce qui suscite une réaction positive pour l'attirer.

Les jeux d'esprit des tentatrices

Maintenant que vous avez maîtrisé l'art d'utiliser des indices physiques pour tromper votre cible, il est temps de commencer à jouer à des jeux d'esprit. Les hommes sont censés être calmes, rationnels et logiques. Le fait d'être imprévisible et irrationnel crée une forte attraction pour certains hommes qui aiment être entraînés dans un jeu émotionnel. Vous pouvez également le stimuler en utilisant des sentiments mixtes, où vous alternez entre chaleur et distance. C'est déroutant, imprévisible et probablement nouveau pour lui aussi.

De même, essayez les signaux mixtes lorsque vous voulez, eh bien, mélanger les choses. Le "push-pull" est un bon exemple de ce jeu, mais essayez aussi quelques variations. Prenez une apparence angélique mais soyez coquine en dessous. Si vous avez un visage de bébé, portez des vêtements sérieux, comme un costume d'affaires. Ou bien, vous pouvez essayer de porter une robe blanche pour renforcer l'apparence innocente, mais faites en sorte que la robe et les accessoires soient TRÈS révélateurs. Si vous portez un costume d'affaires et que vous avez l'air sérieux, jouez la carte de la soumission ou portez de la lingerie très innocente en dessous.

Tout comme la triangulation fonctionne avec les femmes, une femme peut jouer ce jeu avec les hommes. Suscitez la jalousie en l'attirant, puis en flirtant avec un autre homme. Le rendre émotionnellement chaud et ennuyé.

Les femmes sont censées être soit une Madone, soit une pute, alors... jouez les deux ! Il appréciera la confusion et le fait de ne pas savoir où se trouve le haut et il adorera la chute dans le lit. Pendant que vous vous embrassez, appréciez la luxure et les sensations de plaisir. Puis arrêtez et résistez un peu. Cela fait également partie de l'imprévisibilité que les hommes apprécient. Vous découvrirez probablement que vous l'appréciez aussi ! Vous êtes perdue dans l'envie... mais vous devez ensuite combattre votre désir... auquel vous finirez par succomber de toute façon. Mais il ne le sait pas et vous allez créer un véritable suspense pour lui. De brefs éclats d'action sexuelle extrême combinés à un retrait le laisseront à la fois hébété et en manque. La passion sexuelle tourbillonnante est exactement ce qu'il veut et il en veut encore plus. Alors, bien sûr, vous ne pouvez pas la lui redonner tout de suite - c'est trop ennuyeux et prévisible. Encouragez-le dans des endroits bizarres, comme la file d'attente au magasin, où vous pouvez effleurer son entrejambe. Lorsque vous dînez avec des parents, faites-lui un petit câlin.

Soyez dangereux - rappelez-vous qu'il est censé être logique, donc une touche de folie pourrait être ce que le médecin de la séduction a ordonné. Mais pas complètement fou ! Assez pour que ce soit nouveau et imprévisible. À l'inverse, certains hommes adorent les gestes maternels, alors laissez un peu de régression s'installer. Mettez-le sous les couvertures, embrassez-le sur le front. C'est un excellent moyen d'accrocher un joueur. Ou inversez la régression pour agir de façon plus jeune. Les hommes aiment revisiter leur jeunesse, en particulier les hommes plus âgés qui peuvent être paternels et obtenir du sexe, pour eux, c'est une combinaison puissante. Les Sugar Daddies en particulier tombent dans le panneau assez facilement. Ne soyez pas trop un bébé cependant, c'est rébarbatif.

Utilisez vos mots. Il est vrai que le langage corporel est plus important dans la communication, mais pourquoi ne pas laisser vos mots compter vraiment ? Ne soyez pas trop vulgaire, grossier ou jureur : vous voulez toujours montrer que vous êtes une femme de qualité. Mais vous pouvez être incroyablement suggestive avec vos mots, tout en utilisant certaines des techniques de langage corporel décrites dans la dernière section. Les attouchements et les coups sous la ceinture fonctionnent également très bien. Vous pouvez effleurer "accidentellement" sa poitrine ou son entrejambe, ou le frôler *avec* vos seins ou votre entrejambe. Vous pouvez aussi être plus évidente au sujet de son entrejambe, ce qui lui demande délibérément s'il est assez viril pour venir pour vous. Il l'est. Et si ce n'est pas le cas, vous n'êtes pas intéressée de toute façon, n'est-ce pas ?

S'il vous a trompée ou blessée, culpabilisez-le. Faites-lui savoir à quel point il vous a blessé. Cela ne fonctionnera pas avec un narcissique, qui se moque de vous faire du mal, ou avec un sociopathe, pour qui la cruauté est le but recherché.

En parlant de cruauté, vous devez être prudent avec ce dernier jeu d'esprit. La violence et l'abus émotionnel ne sont pas des choses que vous voulez infliger aux gens. Cela dit, l'agressivité sexuelle, la violence et l'attraction peuvent être incroyablement puissantes lorsqu'elles sont combinées. Le sexe pendant un combat peut être absolument incroyable et l'agressivité plus le sexe, la domination de votre homme, feront appel à toutes les tendances masochistes latentes qu'il pourrait avoir.

Déclencher l'attraction émotionnelle chez les hommes

Dans les chapitres précédents, j'ai mentionné que la séduction est un jeu d'émotions. Bien que les hommes se croient logiques et rationnels, ils peuvent être emportés par les émotions tout comme les femmes. En fait, il faut qu'il mette de côté son cerveau pensant pour qu'il soit séduit. Le cerveau humain aime les schémas et il aime reconnaître les schémas. L'astuce consiste à savoir quels schémas débloquent les émotions chez les hommes, car certains sont différents de ceux qui fonctionnent sur les femmes.

Les gens se sentent bien lorsqu'ils progressent vers un objectif. Souvent, les petits progrès finissent par être plus agréables que l'objectif lui-même ! C'est pourquoi la définition d'objectifs standard suggère d'identifier vos grands objectifs, puis d'en fixer de plus petits afin de pouvoir constater les progrès au fur et à mesure. Chez les hommes, le fait de jouer la carte de la difficulté fait appel à cet instinct de la chasse et des petites réussites vers le but ultime du sexe.

Imaginez une petite fille fuyant un pays déchiré par la guerre - il y a un but à tout cela, je vous le promets - avec son petit sac à dos, sans savoir où elle va. Vous ressentez de l'empathie pour sa détresse, n'est-ce pas ? Vous voulez l'aider. Mais lorsque vous imaginez des millions de personnes fuyant ce pays, sans savoir où elles vont, avec les seuls biens matériels qu'elles peuvent transporter, il est plus difficile de faire preuve d'empathie. Dans la recherche, on appelle cela l'effondrement de la compassion et cela se produit parce que la capacité humaine d'empathie diminue lorsqu'il n'y a pas de moyen significatif d'aider. C'est pourquoi les organisations à but non lucratif mettent souvent en avant un enfant ou une famille spécifique dans leurs appels aux dons[24]. Les hommes sont naturellement moins empathiques que les femmes. Ils veulent rendre leur femme heureuse, mais cet objectif est trop vague et ils ne savent pas vraiment comment s'y prendre. À moins que vous ne leur donniez des moyens particuliers de vous rendre heureuse et de déclencher son empathie, ils dériveront vers un manque d'intérêt pour vous. Les hommes aiment les missions, alors donnez-lui en une. Il ne doit pas nécessairement s'agir de trouver le Saint Graal, mais quelque chose qu'il peut facilement imaginer dans son esprit.

L'instinct naturel des gens est de rendre service aux autres. Nous avons été socialisés pour donner et c'est souvent ce que font les femmes lorsqu'elles essaient d'attirer un homme en particulier. Mais ce n'est pas la bonne façon de développer un véritable lien. Demandez-lui plutôt une faveur. Les recherches montrent que le cerveau humain est plus activé lorsqu'il s'agit de donner un cadeau que lorsqu'il s'agit de le recevoir.[25] Demandez-lui donc de vous donner quelque chose. Il n'est pas nécessaire que ce soit un cadeau, un conseil est préférable. Demandez-lui de vous aider à résoudre un problème que vous rencontrez au travail ou, peut-être, de vous indiquer quels nouveaux pneus vous devriez mettre sur votre voiture !

Les hommes veulent des relations qui correspondent à ce qu'ils sont, de la manière dont ils veulent se voir. Si un homme veut se voir comme un héros, il s'attachera à la femme qui lui permet d'être ce héros. Il a besoin d'apprécier qui il est quand il est avec vous. La plupart des hommes veulent être des héros. C'est ainsi qu'ils ont été socialisés. Créez un lien avec lui en lui racontant une histoire qui révèle certains de vos besoins et qui l'aide à les satisfaire. Maintenant, il se sent bien avec vous parce que vous nourrissez ce besoin qu'il a.

---

[24] https://commitmentconnection.com/the-secret-to-understanding-what-triggers-attraction-in-men/

[25] https://www.huffpost.com/entry/how-to-scientifically-trigger-his-emotional-desire_b_59bab8b4e4b06b71800c3781

En plus de l'aider à être la version de lui-même qu'il a toujours voulue, il existe des moyens d'être émotionnellement attirant pour les hommes.

Soyez patient

Nous tâtonnons tous dans cette vie en ayant perdu le manuel d'instruction ! Les hommes aiment les femmes qui n'exigent pas que tout soit fait de la bonne façon dès la première fois, tout le temps. Ils aiment aussi les femmes qui demandent d'abord ce qu'elles veulent dire avant de s'offusquer parce qu'elles n'ont pas formulé leur message correctement. N'oubliez pas que les femmes ont le dessus sur les aspects linguistiques du cerveau.

Soyez à l'écoute

Contrairement à l'opinion générale, les hommes aiment parler. Mais il peut être difficile pour eux d'avoir des discussions sérieuses. Laissez-les exprimer toute leur pensée avant de tirer des conclusions hâtives.

Avoir confiance en soi

Ne passez pas trop de temps à parler de vos défauts, surtout les défauts physiques. Laissez-le vous voir comme une personne sûre d'elle. Cela lui enlève la charge de satisfaire ce besoin.

Soyez dans le moment présent

Laissez le passé au passé. Personne n'apprécie vraiment d'entendre des souvenirs déterrés à propos de mauvais ex-petits amis... ou même de bons ! Profitez de la relation que vous avez devant vous. Cette tactique l'aide également à se sentir moins en insécurité par rapport à vos relations précédentes.

Concentrez-vous sur les aspects positifs

Qui aime une Debbie Downer ? Pas les hommes, en tout cas. Laissez à leurs idées le temps de mûrir avant de les critiquer ou de leur faire remarquer leurs défauts.

Communiquer honnêtement et ouvertement

S'il y a un problème, faites-le lui savoir pour qu'il puisse le résoudre. Rappelez-vous que les hommes ont moins d'empathie que les femmes, et qu'ils seront donc encore plus mauvais pour lire dans les pensées. Il ne peut pas le faire, alors ne l'y obligez pas. Posez-lui des questions pour vous assurer que vous comprenez ses intentions, au lieu de supposer que vous savez ce qui se passe dans sa tête.

Soyez un gardien du secret

Dans une relation solide, vous vous ouvrez l'un à l'autre et vous révélez des secrets que beaucoup d'autres personnes ne connaissent pas. Gardez les secrets qu'il vous confie comme si vous étiez un coffre-fort. Personne dans votre famille n'a besoin de connaître ses vulnérabilités et ses faiblesses, et ne les lui renvoyez pas en pleine figure lors d'une dispute.

Appréciez l'effort consenti

Aucun d'entre nous n'est parfait. En plus de la patience, les hommes aiment que vous constatiez qu'ils ont fait un réel effort (quand ils en ont fait un, bien sûr). Ils n'ont probablement pas réussi du premier coup, mais ils ont essayé, et ils aiment que vous le reconnaissiez.

Les points sensibles de l'instinct du héros

Vous savez maintenant combien il est important de faire en sorte qu'un homme se sente comme un héros lorsque vous souhaitez avoir une relation avec lui. Si vous êtes vraiment en détresse, cela peut être assez facile. Mais que faire si ce n'est pas le cas ? Heureusement, il existe quelques méthodes à utiliser pour le déclencher sans qu'il y ait de crise dans votre propre vie. Même si vous êtes une femme forte et indépendante, utilisez son instinct de héros pour le rapprocher de vous.

Nous avons déjà parlé de lui demander de l'aide ou des conseils. Même les petites choses du quotidien déclencheront son envie d'être un héros. Vous êtes peut-être déjà un expert en réparation de voitures et de toilettes. Et alors ? Laissez-le lever le petit doigt pour vous aider. Si vous avez du mal à ouvrir un bocal, demandez-lui de le faire. Ce n'est pas grand-chose, mais si vous lui montrez que vous l'appréciez, il se sentira le héros qu'il veut être.

Le laisser être un homme, avec des hobbies masculins et une décoration masculine, est également très apprécié. Les hommes aiment le fait que vous soyez féminine, mais ils n'ont pas forcément envie de l'être eux-mêmes. Si son appartement est en désordre, eh bien, on s'en fiche. Vous appréciez simplement de passer du temps avec lui. Si vous n'aimez pas les sports qu'il regarde, ne l'obligez pas à regarder la chaîne Hallmark Mysteries & Movies avec vous à la place.

Tout comme les femmes, les hommes n'aiment pas que les choses soient trop faciles. Ils aiment les défis, ce qui est une autre raison pour laquelle le fait de jouer la carte de la difficulté fonctionne si bien avec eux. Vous pouvez lui trouver d'autres défis et d'autres moyens de gagner votre respect. Ne le donnez pas automatiquement - laissez-le travailler pour l'obtenir. Faites en sorte que votre homme vous gagne en réussissant le défi que vous lui lancez.

Le langage du désir masculin

Les déclencheurs émotionnels sont différents pour les hommes et les femmes, tout comme le langage qui vous excite et vous dérange. Veillez à ce qu'il entende aussi les mots qui lui conviennent. Certains d'entre eux peuvent vous sembler un peu ridicules, mais vous déclenchez son affection pour vous afin que vous puissiez vous lier plus profondément - dans un langage qui fonctionne avec le cerveau masculin. Dites-lui que vous êtes à lui. Cela lui offre la loyauté qu'il recherche. Vous pouvez également lui dire que vous ne voulez que lui, ce qui atténuera son anxiété à l'idée d'aller trop loin. Assurez-lui que vous êtes dans le même bateau, ce qui apaisera ses éventuelles inquiétudes financières.

Comme nous l'avons dit, les hommes sont des créatures visuelles et le fait d'attirer l'attention sur certaines de ses caractéristiques physiques d'une manière qui le rend plus sûr de lui sera très gratifiant. Vous pouvez lui demander s'il grossit, ce qui l'aidera à mettre de côté toutes ses insécurités concernant la taille. (La plupart des hommes ont ce genre d'insécurité, même s'ils ne le montrent pas tout de suite.) Ou l'éternelle question "As-tu fait de la musculation ?". Les femmes vont à la salle de sport, mais les hommes font de la musculation. Vous flattez donc sa masculinité tout en apaisant les problèmes d'apparence physique qu'il peut avoir. Lorsque vous voulez déclencher votre instinct de héros, faites-lui savoir qu'il vous fait vous sentir en sécurité.

Appréciez les choses qu'il fait pour vous tout en montrant votre vulnérabilité. "Quand je t'ai rencontré, je n'étais pas sûr de te mériter, mais tu sais toujours ce qu'il faut dire quand je me sens déprimé." Faites-lui savoir qu'il vous excite même en faisant des choses plus banales, comme un câlin. Cela lui donne l'idée qu'au fond, vous pensez et fantasmez toujours sur lui.

Et n'oubliez pas de lui dire que vous l'aimez !

Résumé du chapitre

- Le cerveau des hommes est plus orienté visuellement et baigne dans la testostérone, ils ont donc des déclencheurs différents, notamment le frisson de la poursuite et le plaisir visuel de la lingerie.
- Le langage corporel et les indices non verbaux fonctionnent très bien sur les hommes orientés visuellement pour attirer l'attention sur vous et renforcer l'attraction.
- Des jeux d'esprit et des déclencheurs émotionnels différents, ainsi qu'un langage différent, permettront d'attacher les hommes à vous aussi longtemps que vous le souhaitez.
- C'est particulièrement vrai lorsque vous déclenchez son instinct de héros et que vous lui permettez d'être votre héros, même par de petits moyens.

Dans le chapitre suivant, vous apprendrez à utiliser les techniques de séduction en dehors d'une relation romantique ou sexuelle.

CHAPITRE NEUF

La séduction appliquée

Jusqu'à présent, la plupart de nos discussions ont porté sur la séduction romantique ou sexuelle. Mais séduire les autres au travail, ou même dans votre vie quotidienne, peut vous apporter de grandes récompenses. Évidemment, vous allez aborder votre supérieur ou d'autres collègues d'une manière complètement différente ! Mais vous pouvez utiliser certaines des mêmes techniques d'une manière différente, avec le même objectif final : obtenir ce que vous voulez des autres.

Séduire pour booster sa carrière (de manière non sexuelle)

Laissez ce que vous avez appris sur la séduction romantique débloquer le potentiel pour plus d'opportunités de carrière.

Utilisez une approche créative pour passer les barrières.

Vous savez que vous pourriez décrocher le marché - ou le poste - si vous pouviez rencontrer les bonnes personnes. Mais ils sont généralement très occupés et ils ont embauché des personnes pour éviter d'être dérangés par chaque vendeur ou chaque candidat à un emploi. Il peut s'agir du réceptionniste, de l'assistant personnel ou même des RH. Ils ont entendu les mêmes phrases d'introduction un million de fois et ils en sont fatigués. Ils vous descendront avant même que vous ayez une chance.

Si vous les frappez avec quelque chose qu'ils n'attendaient pas, vous pouvez leur échapper avant même qu'ils ne se rendent compte de ce qui leur arrive. Même une histoire intéressante ou créative peut fonctionner.

Sur LinkedIn, une plateforme sociale principalement destinée aux entreprises, j'ai vu un message qui racontait comment un candidat à l'emploi était entré dans un bureau en se faisant passer pour un livreur et avait livré une boîte de beignets avec son CV. Ils ont réussi à passer les barrières !

Ne soyez pas ennuyeux

L'amour du cerveau humain pour la nouveauté ne concerne pas seulement les partenaires sexuels. Notre cerveau aime tout ce qui est nouveau. De même que vous ne pouvez pas ennuyer à mort un amant potentiel parce qu'il s'en ira, vous ne pouvez pas non plus ennuyer à mort un partenaire commercial potentiel. Parlez de quelque chose de différent. Faites quelque chose de différent au cours de l'entretien pour les inciter à s'engager avec vous. Soyez amusant et intéressant, tout comme vous le feriez avec une nouvelle cible de séduction.

Montrez la preuve sociale

Tout comme je vous ai recommandé d'aller en boîte avec des tonnes de personnes séduisantes pour montrer votre magnétisme, les entreprises aiment voir que vous avez travaillé avec d'autres entreprises connues. Si vous avez réussi là, vous pouvez réussir partout : le test de Sinatra.[26] Pour les freelances et les consultants, la preuve sociale prend souvent la forme de témoignages ou d'études de cas.

Vous êtes le prix, alors faites preuve d'arrogance.

Les gens aiment voir de la confiance et cela ne change pas parce que vous êtes dans la salle de réunion plutôt que dans la chambre à coucher. Être dans le besoin et désespéré rebute les membres des deux sexes, que vous essayiez de vendre un produit ou vous-même en tant que nouvelle

---

[26] https://www.news.com.au/finance/work/seduction-tactics-to-boost-your-career/news-story/6fce129b118a03dfde4b68c4169ababf

recrue de l'entreprise. Lorsque vous passez un entretien, adoptez l'attitude selon laquelle vous passez également un entretien avec le candidat pour vous assurer qu'il vous convient. Agissez comme si vous aviez tellement d'entreprises qui vous courent après, que vous pouvez choisir avec qui vous travaillez.

Tout comme pour la recherche d'un nouveau partenaire romantique, le fait d'être poursuivi par de nombreuses autres personnes peut être vrai ou non. Mais c'est une bonne pratique d'agir comme si c'était le cas. Faites preuve d'audace. Ne leur dites pas seulement ce qu'ils veulent entendre et n'en faites pas trop. C'est très désagréable !

Ne tombez pas dans le piège de leurs tests

De même, les prospects, les clients et les interlocuteurs peuvent vous pousser à aller jusqu'où ils peuvent aller. Ils peuvent vous faire miroiter des prix ou des honoraires plus bas. Si ce qu'ils proposent ne vous convient pas, faites en sorte qu'ils le sachent. Ne soyez pas si désespéré que vous soyez prêt à subir une perte pour travailler avec eux.

Soyez attrayant pour qu'ils viennent à vous

Vous êtes cool, calme et posé, vous les attirez plutôt que de les chasser. Cela vous semble familier ? Vous ne voulez pas non plus baisser votre prix (voir ci-dessus) car le coût n'est pas ce qui pousse les gens à acheter. Si vous baissez votre prix, vous n'êtes pas plus attrayant, vous êtes simplement moins rentable.

"Soyez la flamme, pas le papillon de nuit." - Casanova

Ne courez pas après vos clients ou vos ventes. Soyez si attrayant que vous êtes la flamme et que les clients (ou les responsables du recrutement) viennent à vous à la place.

Continuez à flirter après avoir conclu l'affaire

Continuez à entretenir vos clients même après qu'ils ont effectué leur achat. Cela vous aidera à augmenter les ventes de suivi, ainsi que les recommandations. Entretenez la relation et vous serez une star de la vente au lieu de devoir courir après la vente. Mais attention : agir de manière distante n'attirera pas vos clients comme on attire un partenaire romantique !

La séduction dans les affaires, le marketing et les ventes

Donnez à vos cibles (professionnelles) suffisamment d'informations sur vous et/ou votre entreprise ou votre produit pour les séduire. Éveillez leur curiosité et leur curiosité ludique, comme vous le feriez pour une cible romantique. Utilisez le charme social dont vous disposez. Par exemple, certaines personnes sont spirituelles, d'autres sont mignonnes. Certaines jouent sur leur intelligence. Quel que soit ce qui vous vient naturellement, utilisez-le.

Les gens n'aiment pas qu'on leur vende, alors l'astuce consiste à les vendre sans les vendre ! Cela semble difficile, mais les tactiques de séduction vous y aident. Vous pouvez créer des événements qui ne ressemblent pas à des tactiques de marketing, même si, bien sûr, ils en sont. Même si les hommes sont plus orientés vers le visuel que les femmes, presque tous les humains sont visuels. Assurez-vous que votre marketing contient suffisamment d'images pour faire passer votre message. J'ai évoqué dans les chapitres précédents le fait que la séduction consiste à combler un besoin, ou un manque, chez quelqu'un. Cela fonctionne exactement de la même manière dans la vente. Vous développez une connexion avec vos prospects et clients afin de comprendre leurs besoins.

La plupart des clients n'ont pas vraiment besoin du gadget ou du service que vous vendez. Ce dont ils ont besoin, c'est d'une validation de la part de leur supérieur. D'un moyen de faire leur travail plus rapidement, non pas pour le plaisir du travail, mais pour pouvoir rentrer chez eux plus tôt et passer du temps avec leur famille. Ils cherchent un moyen d'économiser de l'argent afin de pouvoir allouer plus de budget à d'autres projets, ou de faire bonne figure devant leurs supérieurs.

Une autre façon de voir les choses est que les clients aiment avoir quelque chose à quoi aspirer. Votre produit les aide à devenir une meilleure version d'eux-mêmes. Il vous suffit de déterminer quelle version ils recherchent et de la cibler. Si vous êtes écrivain, vos clients potentiels n'ont pas tellement besoin de vos mots. Ils ont besoin que quelqu'un d'autre s'occupe de quelque chose qui les déconcerte ou leur libère du temps pour travailler sur leur entreprise. Vous vendez des aspirateurs ? Votre prospect n'a pas besoin d'un aspirateur robot d'une capacité de 3 litres. Il a besoin de trouver plus de temps à consacrer à sa famille. Au fur et à mesure que vous développez votre relation, vous découvrez ces besoins, puis vous vous positionnez comme la personne parfaite avec le produit ou le service parfait pour répondre à ce besoin. Les gens n'achètent pas en fonction de la logique et de la raison. Ils achètent en fonction de leurs émotions, ce qui est également la base de la séduction.

Établissez des liens émotionnels avec vos cibles. Vous pouvez leur poser des questions qui les orientent vers vous et votre produit, à condition de les poser au bon moment. Vous pouvez également préparer l'environnement avec de la musique, des senteurs et un attrait visuel afin de les influencer.

N'oubliez pas qu'il faut du temps pour construire ces relations. Lorsque vous allez en boîte de nuit, la plupart du temps, vous ne pouvez pas passer directement de l'approche d'un amant potentiel à l'acte sexuel avec lui en un court laps de temps. Vous devez laisser l'attraction et le confort se développer avant de commencer à conclure l'affaire. De même, si vous passez directement de la présentation à la vente agressive, votre prospect sera rebuté. Prenez le temps de créer un lien avec lui au lieu de l'effrayer. Parfois, ça ne marchera tout simplement pas. La vente n'aura pas lieu. Tant que vous vous détachez des résultats, tout ira bien. Vous êtes libéré pour aller attirer le prochain prospect. Si vous êtes trop attaché au résultat, chaque rejet vous écrase.

Lorsque vous vendez en séduisant, vous faites moins de travail. Vous n'êtes pas à la recherche d'autant de prospects, mais vous travaillez avec des prospects bien qualifiés qui veulent faire des affaires avec vous. Séduire vos prospects peut être plus amusant car il s'agit d'une question d'habileté plutôt que de chiffres bruts. Le contenu numérique est l'appât que vous lancez. Une fois que vous l'avez créé, vous pouvez le lancer dans de nombreux bassins différents pour voir quels sont ceux qui s'y intéressent le plus souvent, sans que vous ayez à fournir beaucoup plus de travail. Laissez les prospects se qualifier eux-mêmes et venir à vous. Vous pouvez les aider à se qualifier en leur donnant l'impression qu'ils sont membres d'un club d'élite. Votre produit n'est pas destiné à tout le monde. En fait, il est peut-être trop puissant pour certains !

Fermez le téléphone quand vous êtes avec vos prospects auto-qualifiés. Ou n'importe quel prospect, d'ailleurs. Regarder quelqu'un se laisser distraire par son téléphone est aussi une cause de perte d'appétit pour les affaires. Écoutez ce qu'ils ont à dire. Tout le monde aime qu'on lui accorde toute son attention ! Faites en sorte qu'il s'agisse d'eux, pas de vous (ou de votre quota). Profitez du voyage. Si vous utilisez correctement les méthodes de séduction, vous constaterez probablement que la séduction est meilleure que la conclusion ! Cela fonctionne mieux si vous croyez sincèrement au produit ou au service que vous vendez. Si ce n'est pas le cas, il est très difficile de se mettre dans la tête que vous faites une faveur à vos prospects et clients en leur donnant la possibilité d'acheter. La visualisation de votre réussite fait partie intégrante de votre état d'esprit.

Imaginez-vous en train de surmonter les objections, sans donner l'impression d'être désespéré. Imaginez-vous en train de discuter et d'obtenir les informations dont vous avez besoin pour résoudre leur problème. L'esprit ne peut pas faire la différence entre une scène réelle et une scène imaginaire, alors offrez-lui des scènes réussies. Assurez-vous que votre visualisation inclut également les émotions et les autres sens, afin de vivre une expérience complète. Vous pouvez également visualiser ce qu'est la vie de vos prospects, en vous mettant à leur place et en voyant le monde de leur point de vue plutôt que du vôtre. Lorsque vous vendez, offrez à vos clients une riche fantaisie sur ce à quoi ressemble leur vie lorsque vous aurez résolu leur problème. Déplacez leur attention sur vous à l'aide de titres accrocheurs ou d'un effet dramatique. Embrouillez-les et faites preuve de beaucoup d'humour, tant que vous n'êtes pas ridicule.

Vos clients et prospects doivent avoir le bon état d'esprit et être prêts à acheter lorsque vous commencez réellement à vendre. Vous pouvez faciliter ce processus en les entraînant dans un voyage mental, généralement à l'aide d'une histoire, qui leur fait penser qu'ils ont besoin de ce que vous vendez.

Vous êtes responsable et vous le montrez par votre assurance, sans être une brute ou donner des ordres aux autres. Comme indiqué précédemment, les gens aiment être dirigés. Soyez le leader qui leur fait croire que c'est leur idée d'acheter, et non la vôtre ! Vous pouvez également utiliser le "phénomène du gourou" pour augmenter les ventes. Parfois, un produit ne décolle pas tant qu'un gourou, un influenceur ou un expert ne l'a pas approuvé. Si vous n'avez pas de gourou sous la main, vous pouvez simplement citer une figure d'autorité dans le domaine. Laissez l'imagination du prospect s'envoler à partir de là. Vous voulez améliorer encore plus cette idée ? Vous aussi, vous pouvez devenir un gourou, ou un expert en la matière. Positionnez vous comme ayant l'avantage sur tout ce que vos clients recherchent. Aidez-les à modifier leur perception de vous. Vous pouvez ajouter des astuces et des conseils à votre texte de vente.

Quand vous négociez, vous voulez paraître un peu mystérieux. Comme si vous aviez une carte que vous n'avez pas jouée... parce que vous n'en avez pas besoin. Vous ne cherchez pas désespérément à obtenir un bon résultat, car vous êtes trop confiant pour cela. Votre partenaire de négociation doit venir vous voir et vous faire comprendre à quel point sa solution est bonne pour vous. Encore une fois, cela devrait vous sembler assez familier à présent !

Pour être clair, vous n'essayez pas d'utiliser ou de manipuler l'autre partie. Vous êtes simplement confiant et puissant, ce qui vous rend séduisant en affaires. Ne vous rendez pas trop disponible, et ne vous précipitez pas pour que vos prospects sachent tout de vous. Maintenir un petit air d'exclusivité est attrayant. Vous voulez présenter quelqu'un dans les médias ? Vous cherchez peut-être à attirer l'attention sur votre produit ou service. Voici un autre bon endroit pour pratiquer vos techniques de séduction. Les journalistes sont aussi des personnes ! Soignez votre introduction et ne la rendez pas trop longue. Soyez suffisamment concis pour que votre message soit clair. Vous enverriez un courriel de masse à toutes les personnes que vous connaissez lorsque vous cherchez un rendez-vous ? Cela ne marcherait jamais, et cela ne marche pas non plus avec les contacts médiatiques. Envoyez des messages personnalisés, adaptés à votre cible. Assurez-vous que vous visez la bonne cible. Si votre message concerne des produits de consommation, ne l'envoyez pas au journaliste qui couvre l'actualité étrangère.

Assurez le suivi, mais pas de manière effrayante. Il arrive que les courriels soient enterrés ou que les journalistes eux-mêmes soient ensevelis sous des montagnes de travail. Si vous n'avez pas de réponse, réessayez. Mais ne restez pas non plus devant leur porte (en ligne) avec votre doigt sur la sonnette.

Une fois que votre cible a succombé... continuez à flirter ! Entretenez la relation, comme vous le faites avec d'autres contacts professionnels.

Tout cela peut être décomposé en trois grandes catégories. Lorsque vous utilisez la vente et le marketing séduisants, vous :

1. Les séduire

Votre créativité, votre humour et votre assurance sont tous conçus pour que les prospects et les clients viennent à vous. Qu'ils vous courent après, vous et votre produit. Qu'ils sentent qu'il a été conçu pour eux et pour leurs besoins.

2. Enrichissez-les

Créez un lien durable avec eux en vous connectant, en les écoutant et en découvrant leurs besoins.

3. Permettez-leur

Laissez-les imaginer la vie confortable et moins coûteuse qu'ils mèneront avec vous pour les guider ! En leur dépeignant un avenir riche en fantaisie, vous les séduisez en leur faisant croire que vous êtes la solution.

La séduction au quotidien

En étant capable de charmer les gens, vous pouvez les inciter à vous donner ce que vous voulez. Pour autant qu'ils soient en mesure de le faire ! Il existe de nombreux domaines, en dehors des affaires et du lit, où un peu de séduction peut être très utile.

Désir

Tout d'abord, vous devez être clair sur ce que vous voulez. Si vous ne le savez pas, vous ne pouvez pas déterminer les étapes pour y parvenir, et encore moins inciter quelqu'un à vous donner quelque chose ! La personne doit comprendre ce que vous demandez pour pouvoir vous le fournir. Supposons que vous alliez au club, mais que vous ne sachiez pas exactement pourquoi vous y êtes. Est-ce pour vous amuser avec vos amis ? Trouver un homme avec qui faire l'amour ? Trouver une femme avec qui entamer une relation ? En fonction de votre objectif pour la soirée, vous agirez de manière très différente. On n'aborde pas ses amis de la même manière qu'on s'ouvre à un amant potentiel.

Une fois que vous aurez déterminé ce que vous voulez, vous saurez quel langage utiliser et ce que vous devez demander ou permettre aux gens de vous donner. Vous vous présenterez dans une situation en sachant ce que vous devez faire pour obtenir ce que vous désirez.

Confiance en soi

Vous savez maintenant que la séduction a beaucoup à voir avec le fait de diriger d'autres personnes. Vous n'avez pas toujours envie de montrer clairement que c'est vous qui commandez, car certaines personnes ont besoin de croire que c'est elles qui commandent. Cela ne vous dérange pas... car vous savez qu'ils ont tort ! Cependant, pour être dirigés, les gens doivent croire en leur leader. S'ils ne le font pas, ils refuseront tout simplement de suivre. Cela signifie que vous devez agir et parler comme le leader que vous êtes. C'est beaucoup plus facile lorsque vous rayonnez d'assurance. C'est une invitation pour les personnes qui veulent vous suivre, car cela leur indique que vous êtes quelqu'un qui sait ce qu'il fait ! Cela est particulièrement vrai pour les hommes, qui ont besoin de hiérarchies sociales claires pour se sentir à l'aise.

Communication non verbale

Le corps raconte la plupart des choses, alors assurez-vous de savoir comment l'utiliser. Même lorsque vous ne vous sentez pas particulièrement sûr de vous, vous pouvez prendre des poses confiantes. Lorsqu'il s'agit de confiance en soi, le "fake it 'til you make it" fonctionne réellement. Tenez-vous droit avec les épaules en arrière, c'est une pose confiante, tout comme se tenir debout avec les jambes écartées, prenant l'espace que vous méritez. Tenez votre tête haute et établissez un contact visuel direct. Ce sont les personnes qui n'ont pas confiance en elles qui regardent leurs pieds, la porte, n'importe où sauf le visage de leur interlocuteur.

Vous pouvez également exprimer ce que vous voulez et ne voulez pas sans utiliser de mots. En utilisant vos bras croisés devant vous comme bouclier, en vous penchant loin de quelqu'un qui est dans votre espace, et d'autres poses similaires, vous faites savoir aux gens qu'ils ne sont pas les bienvenus. De la même manière, établir un contact visuel, sourire et ranger son téléphone sont autant de signes d'intentions positives envers votre cible.

Excitation

Pour faire ce que vous voulez, votre cible doit ressentir une attraction émotionnelle vers vous, suffisamment forte pour dépasser toute forme d'inertie. Une fois que vous aurez découvert leur besoin et que vous les aurez attirés, ils voudront faire ce que vous souhaitez. La séduction est un moyen de comprendre ce que l'autre personne veut. Ce n'est qu'une fois que vous avez satisfait son besoin émotionnel, quel qu'il soit, que vous pouvez l'inciter à faire ce que vous voulez qu'il fasse.

Résumé du chapitre

- La séduction n'est pas seulement pour le sexe.
- Les mêmes méthodes de séduction enseignées précédemment peuvent vous aider à booster votre carrière sans sexe.
- Les affaires, le marketing et les ventes sont tous plus efficaces lorsque vous utilisez des techniques de séduction, telles que la découverte de leurs besoins émotionnels et leur satisfaction.
- Dans la vie quotidienne, il arrive souvent que la séduction des autres vous permette d'obtenir ce que vous voulez.

Dans le chapitre suivant, vous apprendrez à utiliser la séduction pour trouver votre chemin dans la vie.

CHAPITRE DIX

Utiliser les principes de la séduction pour naviguer dans la vie

Vous avez maintenant une bonne compréhension de la séduction et savez comment l'utiliser pour trouver des partenaires commerciaux et romantiques. Mais vous pouvez également l'utiliser pour vous forger un chemin dans la vie. Vous n'avez pas besoin d'être manipulateur ou trompeur, mais vous pouvez être séducteur. Vous pouvez considérer la séduction comme une forme de communication, de leadership ou de mise à profit de votre connaissance de la nature humaine.

L'art perdu de la séduction

Une autre façon de voir la séduction est qu'elle est basée sur la surprise. La nouveauté dont notre cerveau a besoin est satisfaite par une personne qui ne cesse de nous surprendre. C'est ainsi que l'on accroche un partenaire romantique pour la vie : on le surprend continuellement. C'est lorsque les gens s'ennuient ou ont l'impression d'être dans une ornière que l'idée de tricher risque de faire son chemin. Mais si votre partenaire ne sait pas ce qui va se passer ensuite ? Il restera dans les parages juste pour le savoir !

Vous ne pouvez pas utiliser l'élément de surprise tout le temps, mais assez souvent pour pimenter les choses. Cela fonctionne aussi très bien lorsque vous commencez à attirer votre cible. Elle appréciera le fait que vous soyez spontané et imprévisible. L'ennui n'est pas attirant, ni séduisant, ni séduisant. Plus vous pouvez pimenter les choses et les changer, plus elle pensera à vous. C'est aussi l'habitude d'entrer dans la tête de quelqu'un. Nous avons perdu cette capacité, car nous passons de plus en

plus de temps devant des écrans et acceptons passivement le divertisse-
ment fourni par l'algorithme d'une entreprise. Pour séduire quelqu'un,
vous devez l'observer attentivement. Remarquez les détails qui la trahis-
sent. Trouvez le point faible sous l'apparence de votre cible.

Que vous soyez à la recherche d'un client ou d'un amant, vous obtiendrez les meilleurs résultats lorsque vous serez en mesure de découvrir
leurs besoins émotionnels. N'oubliez pas que la séduction est une affaire
d'émotion et que cela ne change pas, que vous vendiez un aspirateur ou
que vous soyez vous-même un partenaire sexuel. Quels sont les besoins
non satisfaits de votre cible ? Vous devrez prêter attention à ce qu'elle dit
(et ne dit pas) et lui poser des questions. Voyez comment ils réagissent à
différentes histoires. Votre téléphone ne vous le dira pas, pas plus que
votre jeu vidéo, votre flux de médias sociaux ou l'écran de votre ordina-
teur portable. La seule personne qui peut vous renseigner sur votre cible
est votre cible elle-même. Il se peut qu'elle vous le dise d'emblée, ou que
vous deviez l'inciter à vous le dire.

Le pouvoir de séduction

Dans une société civilisée, nous n'avons pas l'habitude de démontrer
(ou de prendre) le pouvoir par la force physique. Nous devons le faire
indirectement, ce qui implique souvent la tromperie. Les gens sont assez
crédules lorsqu'il s'agit d'apparences. C'est pourquoi agir comme si vous
étiez confiant fonctionne si bien. Vous avez l'air d'être confiant et les
gens le croient.

Maîtrise

Pour maîtriser quelque chose, il y a deux exigences majeures. La
première est que vous pratiquiez la chose de manière constante au fil du
temps. Vous travaillez toujours dessus et essayez toujours de vous améliorer. La deuxième condition est que vous l'aimiez ! Il n'y a aucune
chance que vous puissiez y consacrer des heures si vous ne l'aimez pas.
Il y a beaucoup de répétitions, surtout pour les notions de base lorsque

vous débutez. Vous devez apprendre toutes les règles et tous les processus. En général, vous commencez au bas de l'échelle et vous progressez
au fur et à mesure. Rien de tout cela n'est viable ou même supportable si
vous n'aimez pas ça. Vous avez peut-être déjà une idée assez précise de
ce que vous aimez. Mais que faire si ce n'est pas le cas ? Dans ce cas,
vous devez essayer beaucoup de choses pour trouver quelque chose. Ne
vous découragez pas si cela ne se produit pas tout de suite. Vous devrez
peut-être élargir vos paramètres de recherche si vous continuez à essayer
des choses sans résultat.

Une fois que vous l'aurez trouvé, vous devrez vous assurer d'apprendre et d'acquérir les compétences qui vont avec. Il y a des siècles, en
Europe (et encore aujourd'hui dans certains pays européens), vous faisiez
votre apprentissage auprès d'un maître existant et celui-ci vous ensei-
gnait les ficelles du métier. De nos jours, l'apprentissage peut prendre la
forme d'un emploi. Lorsque vous essayez de maîtriser quelque chose,
vous n'avez pas forcément envie d'accepter le poste le mieux rémunéré.
Les apprentissages sont généralement assez subalternes, du moins au début. Vous voulez trouver l'emploi qui vous permettra d'apprendre le plus.
À l'époque, ils n'avaient pas non plus les distractions d'Internet, comme
c'est le cas aujourd'hui. Vous ne maîtriserez jamais rien si vous passez
votre temps sur l'internet. Tout comme vous devez poser votre téléphone
pour vous concentrer sur votre cible en séduction, posez-le lorsque vous
essayez de maîtriser une compétence. Vous devez la pratiquer vous-
même, et non pas regarder des vidéos interminables à ce sujet ou vous
perdre dans des sujets tangentiels.

Apprendre la maîtrise, c'est aussi apprendre à éviter ou à faire abs-
traction des distractions. Une fois que vous avez acquis les bases ou terminé votre apprentissage, vous devez tester et expérimenter. Quelles
techniques fonctionnent pour vous et lesquelles ne fonctionnent pas ?
Pouvez-vous apporter une autre expérience de vie pour éclairer le problème ? En d'autres termes, vous devez vous remettre en question pour
rester maître de la situation. Si vous vous permettez d'arrêter d'apprendre
et de stagner, vous perdrez pied. Apprenez les règles pour pouvoir les
enfreindre et découvrez celles qui doivent le rester.

Avantages d'apprendre à séduire

Un avantage majeur d'apprendre à séduire est que ceux qui le font peuvent aussi apprendre à se détacher du résultat. Le jeu ne fonctionne pas à tous les coups. Plus important encore, si vous êtes tellement attaché aux résultats, vous passerez souvent pour quelqu'un de désespéré et de nécessiteux. Mais lorsque vous parvenez à vous détacher du résultat et à vous concentrer sur le processus, vous serez calme et frais sans même avoir à y penser. Si vous n'obtenez pas le résultat escompté, vous réessayerez simplement à un autre moment. Vous avez appris à gérer le rejet. Certaines personnes ne l'obtiennent jamais et sont écrasées à chaque fois ! Mais vous savez que cela arrive et vous savez que vous pouvez rebondir. Vous ne passez pas beaucoup de temps à l'anticiper parce que vous savez que vous serez rejeté un jour ou l'autre. Ce n'est pas grave. Il suffit de passer à la cible suivante et de ne pas le prendre personnellement. Quand vous savez que cela fait partie du jeu, c'est plus facile à gérer.

La plupart des gens qui ont maîtrisé la séduction finissent aussi par avoir moins de regrets, car au moins ils ont essayé ! Ils ne se soumettent pas à de nombreux "si seulement" et "j'aurais aimé aborder cette personne" parce qu'ils ont tenté leur chance.

"Vous ratez 100% des tirs que vous ne prenez pas." - Wayne Gretzky

Des recherches récentes ont montré que lorsque les gens sont sur leur lit de mort, ils n'ont pas tendance à regretter ce qu'ils ont réellement fait. Ils regrettent plutôt ce qu'ils n'ont pas fait, comme passer plus de temps avec d'autres personnes. Si vous passez régulièrement du temps à parler à d'autres personnes, vous ne le regretterez pas plus tard. Auras-tu des mauvais jours ? Oui. Y aura-t-il des jours pleins de rejet ? Oui. Mais cela ne signifie pas que, dans l'ensemble, vous ferez moins bien que si vous n'aviez jamais été sur le terrain. Vous avez appris l'importance d'un état d'esprit positif. Lorsque les pensées négatives surgissent, il suffit de s'en débarrasser. Sinon, vous passerez trop de temps dans votre tête au lieu d'aller sur le terrain pour approcher et ouvrir.

Lorsque vous rencontrez une personne que vous voulez séduire, ou même simplement faire en sorte qu'elle se sente importante pour une raison quelconque, vous savez comment écouter activement. À ce stade, vous observez les détails et essayez de comprendre ce qui se passe dans la tête de votre interlocuteur. Vous n'écoutez pas seulement pour savoir quand la personne va s'arrêter de parler pour pouvoir intervenir et donner votre avis ! Engager une conversation peut vous rapporter des dividendes inattendus. Il y a des jours où vous n'avez tout simplement pas envie de sortir. Peut-être qu'un rejet vous a vraiment blessé, ou que vous êtes fatigué, etc. Vous savez aussi que vous devez sortir et vous entraîner régulièrement, alors vous vous assurez de sortir, même si vous ne le sentez pas. Se montrer est la moitié de la bataille ! Vous vous êtes maintenant entraîné à sortir, que vous en ayez envie ou non. Vous pouvez dire que vous êtes discipliné et constant grâce à cette pratique. Plutôt que de vous apitoyer sur vous-même, vous vous levez ct vous y allez. Il est difficile de rester déprimé et déprimé quand on est en train de s'amuser !

Obtenez ce que vous voulez dans la vie grâce à ces principes clés de la séduction.

Vous ne vous qualifiez peut-être pas d'artiste de la drague, mais vous avez déjà acquis de sérieuses techniques de séduction. Mais la séduction n'est pas un hobby. Il ne s'agit pas seulement d'apprendre à coucher avec quelqu'un avec qui vous voulez vraiment coucher ou à obtenir le travail que vous voulez. C'est une compétence de vie fondamentale que vous devez avoir dans votre boîte à outils. La séduction vous aide à trouver le bonheur parce que vous êtes capable de sortir dans le monde et de choisir votre partenaire romantique, vos amis et d'autres personnes à fréquenter qui vous soutiennent. Choisir les personnes avec lesquelles vous passez du temps signifie que vous ne vous contentez pas de n'importe quelle personne qui se trouve dans votre entourage, mais que vous choisissez quelqu'un qui est vraiment compatible avec vous. Ne laissez pas vos doutes et vos croyances limitatives vous empêcher d'obtenir ce que vous voulez ou de mettre ces principes et techniques en pratique dans votre vie quotidienne. Les techniques de séduction sociale s'apprennent, tout comme les autres compétences. Et tout comme les autres compétences, plus vous vous entraînez, plus vous vous améliorez !

La clé pour se frayer un chemin dans le monde est que vous avez beaucoup plus de chances d'obtenir ce que vous voulez lorsque les gens vous apprécient. Il est crucial d'être sympathique, sinon la vie vous sera très difficile. Heureusement, vous pouvez utiliser les principes de la séduction pour amener les gens à vous apprécier, même si vous ne souhaitez pas nécessairement les attirer dans votre lit ou leur vendre quelque chose. Le simple fait d'aller au restaurant peut être plus agréable lorsque le personnel de salle vous apprécie ! Il s'agit toujours de trouver ce besoin non satisfait chez l'autre personne et de le combler d'une manière qu'elle n'a jamais connue auparavant. Êtes-vous malheureux parce que vous avez l'impression que le monde ne vous donne pas ce que vous voulez ? Peut-être une augmentation de salaire, un rendez-vous, de l'amour, de la compagnie ? Il s'avère que vous devez donner au monde avant qu'il ne vous donne.

"La vie est une séduction." - Raj Persaud

Au lieu de vous concentrer sur vos propres besoins non satisfaits, renseignez-vous sur ceux de l'autre personne, notamment sur ses principales frustrations. Utilisez le small talk de manière spécifique pour découvrir ce qui motive l'autre personne et ce dont elle a besoin. Une fois que vous avez donné au monde en répondant aux besoins d'une personne, vous constaterez que le monde commence à vous rendre la pareille - le partenaire que vous voulez, les amis que vous voulez. Il est également important de se rappeler qu'il n'y a pas qu'une seule façon d'être séduisant. Quelles que soient vos forces naturelles - esprit, humour, intelligence - utilisez-les pour charmer les autres et obtenir ce que vous voulez. Il ne s'agit pas nécessairement d'être magnifique. Vous pouvez l'être, bien sûr, mais vous n'êtes pas obligé de l'être pour séduire les autres. Avez-vous déjà vu une personne qui semble avoir des admirateurs à ses pieds partout où elle va, alors qu'elle n'est même pas belle ? Ces personnes ont appris les techniques de séduction et n'ont donc pas besoin d'être belles. Une expérience intéressante a montré comment la séduction fonctionne. Des groupes d'étudiants ont été envoyés en rendez-vous. Un groupe devait être d'accord avec tout ce que disait son partenaire. Un autre groupe devait être en désaccord avec tout ce qu'il disait. Le troisième groupe devait être en désaccord avec tout ce qu'il disait pendant la première moitié du rendez-vous, puis en accord avec tout ce qu'il disait pendant la seconde moitié. Après le rendez-vous, les participants ont évalué le degré de séduction des étudiants.

Comme on pouvait s'y attendre, le premier groupe était modérément attrayant et le deuxième groupe était considéré comme hideux ! Mais le troisième groupe a été jugé le plus séduisant de tous. Ayant lu les parties précédentes de ce livre, cela ne vous surprendra peut-être pas du tout. Les cavaliers pensaient que les élèves du troisième groupe avaient besoin d'un peu de temps pour s'habituer à eux et qu'ils les avaient habitués. En d'autres termes, qu'ils avaient séduit les élèves. Casanova aurait trouvé dans un bar une actrice séduisante qui zozotait et ne pouvait pas prononcer ses R correctement. Lui a-t-il proposé de l'envoyer à des cours d'élocution ? Lui a-t-il dit d'aller voir quelqu'un qu'il connaissait et qui avait de l'expérience avec ce problème et pouvait travailler avec elle ? Non. Il est rentré chez lui et a écrit une pièce de théâtre qui ne contenait pas de R. Une fois terminée, il est retourné au bar et la lui a présentée. Séduction totale ! C'était probablement la première fois que quelqu'un écrivait une pièce pour elle, et encore moins une pièce adaptée au problème qu'elle avait. Il ne lui a pas dit qu'elle avait besoin d'être réparée ou qu'il était intéressé par elle. Elle devait d'abord régler son problème. Donc, il a écrit la pièce.

Combien de fois indiquons-nous par inadvertance que l'autre personne a besoin d'être réparée ? Nous penserions probablement aider l'actrice si nous lui proposions des leçons d'élocution. Mais la pièce était sexy. Son message : "Ne change rien ! Tu es parfaite telle que tu es !" est incroyablement sexy. Et, bien sûr, elle a été séduite par ce message. Elle n'avait pas vraiment besoin de leçons d'élocution. Elle avait besoin d'une pièce qui ne mettrait pas en scène son défaut d'élocution. C'est ce besoin que Casanova a satisfait, comme personne ne l'avait jamais fait auparavant.

On peut considérer que les relations comportent trois phases : l'attraction, l'intérêt et l'entretien. Dans une relation à long terme, vous continuerez ce cycle plusieurs fois, sinon l'intérêt peut tomber d'une falaise ou les gens se lassent. Cela est vrai pour les relations romantiques ou sexuelles. Mais c'est également vrai pour de nombreuses autres relations que vous entretenez dans votre vie : avec vos clients, avec vos amis, et bien d'autres encore. Prenez ces principes et techniques psychologiques et utilisez-les pour améliorer votre vie. Est-ce un jeu ? Peut-être. Mais les autres y jouent certainement, et vous aurez du mal à refuser. Donnez avant de vous attendre à recevoir - c'est ainsi que cela fonctionne le mieux pour vous permettre d'atteindre vos objectifs et d'obtenir ce que vous voulez dans la vie.

Résumé du chapitre

- La séduction est presque un art perdu parce que trop peu de gens font attention à l'être humain qui se trouve en face d'eux, étant distraits par leurs propres besoins et leurs gadgets électroniques.
- Vous devez être capable de séduire les gens pour obtenir ce que vous voulez, y compris le pouvoir.
- La maîtrise de la séduction exige du temps et une pratique persistante. Cette pratique présente également des avantages secondaires.
- La séduction est une compétence de vie que vous devez apprendre pour survivre, pas seulement un passe-temps ou un moyen d'avoir plus de sexe.

CONCLUSION

La séduction est à la fois un art et une science. Elle s'appuie sur les connaissances fondamentales que nous avons sur le fonctionnement du cerveau humain, y compris les différences entre les cerveaux masculin et féminin. C'est important lorsque nous parlons de séduction sexuelle ! Mais c'est aussi un art, en ce qui concerne la façon dont vous utilisez la communication verbale et non verbale pour attirer vos cibles et les séduire. Bien que ces dernières années, les groupes de "pick-up artists" (PUA) se soient fait connaître pour leurs tentatives d'enseigner aux hommes comment draguer les femmes, en réalité, les communautés de séduction existent depuis longtemps. Certains ont la chance d'être encadrés par quelqu'un qui sait comment jouer le jeu, mais ce n'est pas le cas de tous.

On pense généralement que la séduction est l'apanage des personnes qui présentent une ou plusieurs des caractéristiques de ce que l'on appelle la triade noire : narcissisme, machiavélisme et psychopathie. En réalité, les recherches montrent que les personnes qui présentent un degré modéré d'une ou plusieurs de ces caractéristiques peuvent réussir dans les affaires et dans d'autres aspects de la vie. La question de savoir si la séduction est morale fait l'objet de nombreux débats. Certes, pour ceux qui considèrent la séduction comme un jeu permettant aux hommes d'avoir des relations sexuelles avec des femmes et de les quitter ensuite, elle semble pour le moins immorale, ou contraire à l'éthique. Mais les stéréotypes populaires ne racontent pas toute l'histoire. Un séducteur apprend à connaître sa cible afin de pouvoir identifier ses besoins non satisfaits. Cela peut signifier que sa cible est couverte d'attention, ce qu'elle ne reçoit peut-être pas assez ailleurs. Une technique clé de la séduction consiste à se mettre dans la tête d'une autre personne et à voir le monde comme elle le fait - à se mettre à sa place. Bien sûr, le but ultime est d'obtenir ce que le séducteur veut. Mais cela ne semble toujours pas très narcissique, n'est-ce pas ? Apprendre ce qui fait vibrer l'autre personne et la surprendre avec de petits cadeaux (pas nécessairement monétaires) est une autre technique de séduction qui profite également à l'autre personne.

Pour ceux qui pensent encore que la séduction est immorale, considérez qu'il s'agit d'une compétence importante à apprendre pour tous. Pour obtenir ce que vous voulez dans le monde, vous devez d'abord donner. Trouvez le besoin non satisfait de l'autre personne, puis répondez-y d'une manière qu'elle n'a jamais vue auparavant. Vous devez également être sympathique pour attirer les bonnes personnes vers vous. Vous pouvez apprendre à séduire les autres pour qu'ils vous apprécient.

Savoir ce que vous attendez du monde vous aide à choisir des partenaires : romantiques, professionnels, ou même simplement des amis qui font ressortir le meilleur de vous et vous soutiennent. Si vous n'apprenez pas les techniques de séduction, vous finirez par choisir celui qui se trouve près de vous et qui n'est pas forcément le plus compatible. Il ne s'agit pas d'avoir un hobby, il s'agit de survivre. Pour mener la vie que vous voulez mener, vous devrez séduire d'autres personnes d'une manière ou d'une autre. La séduction est différente de la manipulation, où vos intentions sont dissimulées à la cible. Par exemple, les hommes manipulent parfois les femmes dans leur lit en leur faisant croire qu'ils sont intéressés par une relation romantique alors qu'ils ne veulent que du sexe. Les deux sexes peuvent cependant séduire - la séduction n'est pas limitée à un seul sexe.

Certaines techniques de séduction sont différentes selon que vous séduisez un homme ou une femme. Les hommes accordent plus d'importance à l'aspect visuel et ils peuvent être amenés à exécuter les ordres d'une femme si celle-ci déclenche leur instinct de héros. Les femmes réagissent souvent bien aux fantasmes riches en détails, ainsi qu'aux jeux de mots spirituels.

Il existe de nombreux archétypes de séducteurs - le Rake, la Sirène, la Coquette. Mais il y a aussi beaucoup de victimes ! Il s'agit parfois de personnes dont le besoin n'est pas satisfait, dont la réalité est si terne que toute personne un tant soit peu intéressante est comme une bouffée d'air frais. Toute personne qui a l'impression de s'encroûter, de quelque manière que ce soit, est une cible à séduire. De nombreuses techniques de séduction sont universelles, elles ne sont pas limitées à un sexe ou à un type de cible. Elles peuvent être utilisées non seulement pour séduire un prospect sexuel, mais aussi pour les affaires et les ventes. Les êtres humains aiment la nouveauté, donc surprendre ou faire quelque chose de différent permet généralement d'attirer l'attention que vous souhaitez. Nous avons également des besoins non satisfaits et une personne qui promet de les combler sera très bien accueillie. La plupart des gens veulent être dirigés, il est donc essentiel que le séducteur soit confiant et sûr de lui, qu'il ne soit pas déconcerté par les tests ou les désaccords que sa cible pourrait essayer de soulever comme obstacle.

Les humains ont tendance à aimer les défis. Nous ne voulons pas nécessairement que tout nous soit servi sur un plateau d'argent. Une technique très efficace, que vous séduisiez une cible sexuelle ou un client potentiel, consiste à les laisser venir à vous. Naturellement, vous aurez besoin qu'elle soit attirée et intéressée par vous et/ou votre produit pour que cela fonctionne, mais vous ne voulez pas la pourchasser. Le besoin et le désespoir sont des facteurs de rejet, alors mettez un peu de distance. Vous savez à quel point vous êtes génial (ou du moins vous le projetez sur eux), alors ils finiront par venir à vous. La séduction n'est pas logique et elle n'a peut-être rien à voir avec votre attrait physique. La plupart des gens ont une force qu'ils peuvent utiliser pour charmer les autres. Pour certains, il s'agit d'être beau ou belle, mais pour d'autres, il peut s'agir d'esprit ou d'humour. Si vous avez déjà vu quelqu'un qui a des tonnes de fans enragés et qui n'est pas conventionnellement attirant, c'est qu'il utilise une autre force qui lui vient naturellement.

Vous n'avez pas besoin de dormir pour arriver au sommet, mais vous pouvez certainement séduire pour y arriver ! Si vous êtes un vendeur, vous voulez que votre prospect ait faim de votre produit. Lorsqu'il est convaincu qu'il en a besoin et que c'est la réponse à tous ses problèmes, vous n'avez même pas besoin de lui vendre. N'oubliez pas de ne pas être trop disponible ! Vous attiserez ce besoin, vous lui montrerez que vous êtes celui qui peut y répondre et vous le ferez se précipiter vers vous au lieu de faire l'inverse.

Lorsque vous êtes en affaires, peu importe ce que vous pensez de la communauté PUA, une chose qu'ils enseignent est très importante. La séduction est un processus : attraction - confort - séduction, et essayer d'adopter ces phases dans le désordre entraîne l'échec. Vous n'obtiendrez pas de clients mourant d'envie de travailler avec vous (ou de femmes de coucher avec vous) si vous ne les attirez pas d'abord. Vous ne pouvez pas les séduire tant qu'ils ne se sont pas mis à l'aise avec vous. Vous pouvez finir par faire moins de travail parce que vous faites moins d'appels à froid et que vous laissez les prospects se qualifier eux-mêmes. Il existe plusieurs façons de procéder, mais il est important que les phases soient respectées, en affaires comme au lit. Si vous essayez de vendre dès que vous rencontrez des gens, cela ne fonctionnera pas et ne mènera qu'à la frustration. Vous devez d'abord passer du temps avec eux avant de commencer à essayer de conclure l'affaire. Le temps est important dans la séduction. Il faut non seulement prendre le temps nécessaire au processus, mais aussi reconnaître qu'il vous faudra du temps pour maîtriser ces compétences. Vous devez les pratiquer de manière régulière pour les maîtriser. Si vous cherchez à séduire des femmes, vous devez en parler à une par jour ou travailler votre jeu tous les jours. Si vous vous efforcez de séduire quelqu'un dans le monde des affaires, vous devez être en contact régulièrement afin de pouvoir cerner ce besoin et continuer à flirter après l'avoir comblé.

Je vous ai promis de vous apprendre tout ce que vous devez savoir sur la séduction - ce qu'elle est, comment elle a été utilisée et comment les gens l'utilisent actuellement. Je vous ai également donné des techniques que vous pouvez apprendre et utiliser dans la vie réelle pour obtenir ce que vous voulez, et c'est vraiment ce qu'est la séduction. Si vous ne deviez retenir qu'une seule chose de ce livre, ce serait ceci : la séduction est une compétence nécessaire que vous pouvez apprendre si vous vous entraînez régulièrement. Certaines personnes sont nées en sachant comment attirer et séduire, mais beaucoup d'entre nous ne le savent pas. Heureusement, c'est quelque chose que vous pouvez apprendre. Si vous y travaillez régulièrement, vous vous améliorerez. Peu importe à quoi vous ressemblez ou combien d'argent vous avez, tant que vous apprenez et utilisez ces méthodes de séduction.

RESSOURCES

About-Secrets. (2013, June 30). Seduction marketing. https://www.slideshare.net/mfr786/seduction-marketing

Acton, F. (2020, January 6). Fractionation Texting. https://fractionation.net/fractionation-texting/

A-hole Game: Day 1. (2009, January 12). https://web.archive.org/web/20140711073602/http:/heartiste.wordpress.com/2009/01/12/a-hole-game-day-1/

Amante, C. (n.d.-a). How to Use Social Proof to Get Girls | Girls Chase. https://www.girlschase.com/content/how-use-social-proof-get-girls

Amante, C. (n.d.-b). Tactics Tuesdays: Deconstructing the PUA Neg | Girls Chase. https://www.girlschase.com/content/tactics-tuesdays-deconstructing-pua-neg

Anonymous. (2004, June 27). Some of my best friends are women. https://www.theguardian.com/world/2004/jun/27/gender.menshealth3

Avery. (2018, September 7). Kino Escalation: How To Attract Women With Physical Touch. https://redpilltheory.com/2018/09/06/kino-escalation-how-to-attract-women-with-physical-touch/

Barbe, O. (2004, November 5). Sex on the Brain. https://www.menshealth.com/sex-women/a19516672/understanding-sex-and-the-brain/

Barking Up the Wrong Tree. (n.d.). Seduction, Power and Mastery: 3 Lessons From History's Greatest Minds. https://www.bakadesuyo.com/2014/02/seduction-power-mastery/

BBC. (n.d.). Unpacking the Psychology of Seduction. https://www.bbc.com/reel/video/p07l3r3q/unpacking-the-psychology-of-seduction

Bergreen, L. (2017, July 26). 10 Seduction Tips and Tricks from Casanova Himself. https://www.tipsonlifeandlove.com/love-and-relationships/10-seduction-tips-and-tricks-from-casanova

Best PUA Training. (2018, May 3). Kino Escalation - Early, Mid Set Kino and Kiss Closing. http://www.bestpuatraining.com/kino-escalation

Bey, B. A. (2018, October 29). Here's Why Pitching is a Lot Like Seduction. https://www.mediabistro.com/climb-the-ladder/skills-expertise/heres-why-pitching-is-a-lot-like-seduction/

BigEyeUg3. (2017, June 6). 4 Signs you are too easily seduced. https://bigeye.ug/4-signs-you-are-too-easily-seduced/

Black Rose - Free Download PDF. (n.d.). https://kupdf.net/download/black-rose_58e52d47dc0d609438da97f1_pdf

Brandstory. (2016, September 3). The art of seduction – how to get customers to want you. http://www.brandstoryonline.com/seduction/

Britannica. (n.d.). Seduction. https://www.britannica.com/topic/seductio

Brizendine, L. (2010, March 25). Love, sex and the male brain - CNN.com. http://edition.cnn.com/2010/OPINION/03/23/brizendine.male.brain/index.html

Broucaret, F. (2014, December 23). Seduction: 10 Gestures and What They Reveal. https://www.mariefranceasia.com/lifelove/decoding/les-10-gestes-seduction-du-desir-59008.html#item=1

Buffalmano, L. (2019, November 2). How to Mind Fuck a Guy: The Ultimate Guide (With Examples). https://thepowermoves.com/make-him-crazy-about-you/

Burras, J. (n.d.). Power: Domination or Seduction. http://www.jonburras.com/pdfs/Power-Domination-or-Seduction.pdf

Calo, C. (n.d.). Switching From Logical to Social: The Art of Seduction. Retrieved February 7, 2020, from https://www.waytoosocial.com/the-art-of-seduction-blog/

Carter, G. L., Campbell, A., & Muncer, S. (2013, June 12). The Dark Triad Personality: Attractiveness to Women. https://scottbarrykaufman.com/wp-content/uploads/2013/09/The-Dark-Triad-Personality.pdf

Chamorro-Premuzic, T. (2015, November 4). Why Bad Guys Win at Work. https://hbr.org/2015/11/why-bad-guys-win-at-work

Coast, M. (2019a, November 4). 3 Ways to Trigger The Hero Instinct in Your Man. https://commitmentconnection.com/3-ways-to-trigger-the-hero-instinct-in-your-man/

Coast, M. (2019b, November 4). The Secret to Understanding What Triggers Emotional Attraction in Men. https://commitmentconnection.com/the-secret-to-understanding-what-triggers-attraction-in-men/

Cool Communicator. (2019, November 12). Social Seduction, Creating Space and Anticipation. https://coolcommunicator.com/social-seduction-creating-space-anticipation/

Cowie, A. (2017, May 22). The Enchanted Sex-Word of Scotland's Secret Seduction Society. https://www.ancient-origins.net/history/enchanted-sex-word-scotland-s-secret-seduction-society-008114

Cross, E. (2020, January 15). Obsession Phrases Review: What Makes Him Truly Obsessed With You? https://www.lovemakingexperts.com/obsession-phrases-review/

Definitions.net. (n.d.). What Does Seduction Mean? Retrieved from https://www.definitions.net/definition/seduction

Dictionary.com. (n.d.). Seduce. Retrieved from https://www.dictionary.com/browse/seduce

Drapkin, J. (2005, May 1). Hpw to Seduce a Lover. https://www.psychologytoday.com/us/articles/200505/how-seduce-lover

Edwards, D. (n.d.). Seduction or abuse? Is seducing someone ethical or is it manipulation? https://steemit.com/ethics/@dana-edwards/seduction-or-abuse-is-seducing-someone-ethical-or-is-it-manipulation

Eliason, N. (n.d.). The Art of Seduction by Robert Greene: Summary, Notes, and

Lessons. https://www.nateliason.com/notes/art-seduction-robert-greene

Emory University. (2004, March 16). Study Finds Male And Female Brains Respond Differently To Visual Stimuli. https://www.sciencedaily.com/releases/2004/03/040316072953.htm

Essays Writers. (n.d.). Persuasion, Manipulation and Seduction. https://essayswriters.com/essays/Analysis/persuasion-manipulation-and-seduction.html

Farouk Radwan, M. (n.d.). Why women like men with dark triad traits | 2KnowMySelf. https://www.2knowmyself.com/Why_women_like_men_with_dark_triad_traits

Farquhar, S. (2017, September 3). Shogun Method *. https://seductionfaq.com/blog/shogun-method/

Female Psychology. (n.d.). http://www.the-alpha-lounge.com/female-psychology.html

Finkelstein, K. (n.d.). The Influence of the Dark Triad and Gender on Sexual Coercion Strategies of a Subclinical Sample. https://bir.brandeis.edu/bitstream/handle/10192/28572/FinkelsteinThesis2014.pdf?sequence=1

Fisher, D. (n.d.). 7 Quick Tips to Help You Learn Seduction Faster | Girls Chase. https://www.girlschase.com/content/7-quick-tips-help-you-learn-seduction-faster

Francis, M. (2007, January 3). The psychology of seduction. https://www.dailymail.co.uk/femail/article-426320/The-psychology-seduction.html

Ganz, M. (2013, October 31). Covert Seduction – How to Mess with Women's Minds. https://sibg.com/covert-seduction-mess-with-womens-minds/

Ganz, M. (2016, August 4). Black Rose Sequence – How You Can Seduce Women Using Mind Control Enslavement. https://sibg.com/black-rose-sequence-how-you-can-seduce-women-using-mind-control-enslavement/

Ganz, M. (2020, February 4). Fractionation Seduction Technique: All You Need To Know! https://sibg.com/using-fractionation-in-seduction/

Get the Guy. (2010, December 21). The Player: Why Men Long To Be Casanovas And How To Spot If He Is One – Men's Personalities Part 3. https://www.howtogettheguy.com/blog/player-mens-personalities-part-3/

Greene, R. (n.d.). The Art of Seduction. http://radio.shabanali.com/the-art-of-seduction-robert-greene

Hardy, J. (2020, January 30). The History of the Seduction Community. https://historycooperative.org/the-history-of-the-seduction-community/

Her Way. (2020, February 13). The Best Thing That Is Going To Happen To You This Year Is You. https://herway.net/relationship/3-simple-ways-to-unlock-the-hero-instinct-in-your-man/

His Secret Passion. (2019, March 30). Best 8 His Secret Obsession Phrases That Make A Man Fall In Love. https://hissecretpassion.com/secret-obsession-phrases/

Honan, D. (2019, January 30). James Bond's guide to seduction. https://bigthink.com/think-tank/james-bonds-guide-to-seduction

Hyman, R. (n.d.). Cold Reading: How to Convince Strangers That You Know All About Them. https://web.archive.org/web/20140716020736/http://www.skepdic.com/Hyman_cold_reading.htm

kartjoe. (2017, April 4). A modern man living guide to seduction PDF EBook Download-FREE. https://www.slideshare.net/kartjoe/a-modern-man-living-guide-to-seduction-pdf-ebook-downloadfree

Kaufman, S. (2015, December 10). The Myth of the Alpha Male. https://greatergood.berkeley.edu/article/item/the_myth_of_the_alpha_male

Kings of the Web. (2020, February 6). Cold Reading Is A Potent Seduction Tactic. https://heartiste.net/cold-reading-is-a-potent-seduction-tactic/

Kozmala, M. (2019, February 2). The Body language of seduction. https://businessandprestige.pl/the-body-language-of-seduction/

Lizra, C. (2017, December 10). Seduction in Business. https://www.powerofsomaticintelligence.com/blog/seduction-in-business

LoDolce, A. (2019, October 24). How to Seduce Men With Body Language: 12 Perfect Seduction Tips. https://sexyconfidence.com/how-to-seduce-men-with-body-language/

LoDolce, A. (2017, September 14). How To Scientifically Trigger His Emotional Desire for You using This Technique. https://www.huffpost.com/entry/how-to-scientifically-trigger-his-emotional-desire_b_59bab8b4e4b06b71800c3781

M., S. (2020, January 4). Shogun Method Review (Is Derek Rake The Real Deal?). https://www.calpont.com/shogun-method/

Madsen, P. (20212, July 7). The Power of Seduction. https://www.psychologytoday.com/us/blog/shameless-woman/201207/the-power-seduction

Magical Apparatus. (2019, December 1). The phases of a seduction - Alpha Male. https://www.magicalapparatus.com/alpha-male/the-phases-of-a-seduction.html

Magical Apparatus. (2019, December 26). Using Cold Reading - Seduction. https://www.magicalapparatus.com/seduction-2/chapter-ix-using-cold-reading.html

Mallens, T. (2015, September 4). 3 rules the art of seduction can teach you to boost your sales & marketing. https://www.linkedin.com/pulse/3-rules-art-seduction-can-teach-you-boost-your-sales-mallens-bsc-mba

Martin, C. (2010, November 11). Persuasion, Manipulation, Seduction, and Human Communication. http://opinionsandperspectives.blogspot.com/2010/11/persuasion-manipulation-seduction-and.html

Martin, T. (n.d.). Creating A More Effective B to B Sales Prospecting Program. https://conversedigital.com/social-selling-sales-training-posts/b-to-b-sales-prospecting

MensXP.com. (n.d.). MensXP.com - India's largest Online lifestyle magazine for Men. Offering tips & advice on relationships, fashion, office, health & grooming.

https://www.mensxp.com/dating/seduction-science-/600-cold-reading-her-mind.html

Merriam-Webster. (n.d.). "Negging" Moves Beyond the Bar. https://www.merriam-webster.com/words-at-play/negging-pick-up-artist-meaning

Nguyen, V. (2013, August 17). 7 Life Lessons to Learn from Pickup Artists. https://www.selfstairway.com/pickup-artists/

Nicky Woolf. (n.d.). "Negging": the anatomy of a dating trend. https://www.newstatesman.com/blogs/voices/2012/05/negging-latest-dating-trend

Nixon, R. (2016, March 23). 10 Things Every Woman Should Know About a Man's Brain. https://www.livescience.com/14422-10-facts-male-brains.html

Oesch, N., & Miklousic, I. (2012). The Dating Mind: Evolutionary Psychology and the Emerging Science of Human Courtship. *Evolutionary Psychology, 10*(5), 147470491201000. https://doi.org/10.1177/147470491201000511

Presaud, R., & Bruggen, P. (2015, August 15). The Sexy Sons Theory of What Women Are Attracted to in Men. https://www.psychologytoday.com/intl/blog/slightly-blighty/201508/the-sexy-sons-theory-what-women-are-attracted-in-men

Rake, D. (n.d.). How to Hook Up With Beautiful Women - Using "Player" Seduction Tactics. https://ezinearticles.com/?How-to-Hook-Up-With-Beautiful-Women---Using-Player-Seduction-Tactics&id=2481207

Rake, D. (2020, January 17). Shogun Method - A Critical (Self) Review *. https://derekrake.com/blog/#Four-Steps-To-Eternal-Enslavement-8211-The-IRAE-Model

Rauthmann, J. (2014, April 1). Mate attraction in the Dark Triad: Narcissists are hot, Machiavellians and psychopaths not. https://www.sciencedirect.com/science/article/abs/pii/S0191886913006582

Razzputin. (n.d.). Knowing How to Use Kino Effectively on Women. https://www.waytoosocial.com/how-to-use-kino-effectively/

Riggio, R. (2016, February 10). 6 Seductive Body Language Channels. https://www.psychologytoday.com/intl/blog/cutting-edge-leadership/201602/6-seductive-body-language-channels

Roberts, M. (2016, August 4). Black Rose Sequence®. https://sonicseduction.net/black-rose-sequence/

Rogell, B. E. (2013, August 26). Seduction tactics to boost your career. https://www.news.com.au/finance/work/seduction-tactics-to-boost-your-career/news-story/6fce129b118a03dfde4b68c4169ababf

Rogell, E. (2013, August 22). Seduction Tactics For Your Career. https://sea.askmen.com/entertainment/216/topten/seduction-tactics-for-your-career

Rolstad, A. (n.d.). The "Hover and Disqualify" Pickup Technique | Girls Chase. https://www.girlschase.com/content/hover-and-disqualify-pickup-technique

S, P. (2017, April 5). Raj Persaud: The Psychology of Seduction at TEDX U. of Bristol (transcript). https://singjupost.com/raj-persaud-the-psychology-of-seduction-at-tedxuniversityofbristol-transcript/

Seltzer, L. (2013, September 17). The Paradox of Seduction. https://www.psychologytoday.com/us/blog/evolution-the-self/201309/the-paradox-seduction

Shogun Method Fractionation - Free Download PDF. (n.d.). https://kupdf.net/download/shogun-method-fractionation_5913cf2adc0d60bf4c959eb0_pdf

Sicinski, A. (2018, December 8). Breaking Down the Intoxicating Art of Romantic Seduction. https://blog.iqmatrix.com/art-seduction

Simon, C. (2012, February 16). Don't be Seduced! 6 Crucial Warning Signs. https://www.psychologytoday.com/us/blog/bringing-sex-focus/201202/dont-be-seduced-six-crucial-warning-signs

Sinn, J. (n.d.). 3 Ways to Use Cold Reading to Attract Women. https://ezinearticles.com/?3-Ways-to-Use-Cold-Reading-to-Attract-Women&id=6169379

Skills Converged Ltd. (n.d.). Skills Converged > Body Language of Seduction. https://www.skillsconverged.com/FreeTrainingMaterials/BodyLanguage/BodyLanguageofSeduction.aspx

Snowden, J. (2020, February 7). Shogun Method: My Confession (A Review). https://sibg.com/shogun-method/

T, S. (2015a, November 5). The Three Types Of Game Pickup Artists Use To Attract Women: Part 2. http://seductioncommunity.com/attraction/the-three-types-of-game-pickup-artists-use-to-attract-women-part-2/

T, S. (2015b, November 5). The Three Types Of Game To Attract Women: Part 1. http://seductioncommunity.com/attraction/the-three-types-of-game-to-attract-women-part-1/

Tan, J. (2020, January 10). Customer Seduction: How to make customers LOVE your brand... https://www.referralcandy.com/blog/customer-seduction-make-customers-love-brand-infographic/

TED Talks: The power of Seduction in our Everyday Lives. (2013, July 30). https://www.payscale.com/career-news/2013/07/ted-talks-the-power-of-seduction-in-our-everyday-lives

The Doctor. (2019, August 27). The ethics of Seduction. https://thedoctorsdiary.com/women/ethics-of-seduction/

The Natural Lifestyles. (2015, February 11). Why Learning Seduction Is Not Optional. https://www.youtube.com/watch?v=onqLFdYY5Rw

Vandeweert, W. (2015, July 22). Use Cold Reading to Pick Up Girls. https://willemvandeweert.wixsite.com/cold-reading/single-post/2015/06/08/USE-COLD-READING-TO-PICK-UP-GIRLS

Van Edwards, V. (n.d.). The Alpha Female: 9 Ways You Can Tell Who Is an Alpha Woman. https://www.scienceofpeople.com/alpha-female/

Way, H. (2020, February 13). The Best Thing That Is Going To Happen To You This Year Is You. https://herway.net/love/8-ways-men-use-fractionation-seduction-make-fall-love/

Weiss, R. (2015, June 20). What Turns Guys On? Understanding Sexual Desire. https://www.psychologytoday.com/us/blog/love-and-sex-in-the-digital-age/201506/what-turns-guys-understanding-male-sexual-desire

Wendell, R. (n.d.). Cold Reading Your Way to Great Conversations | Girls Chase. https://www.girlschase.com/content/cold-reading-your-way-great-conversations

Williams, S. (2012, March 14). Are You Easily Seduced? https://www.yourtango.com/experts/shay-your-date-diva-williams/are-you-easy-be-seduced

Wilson, B. M. (2011, October 23). The great seducers. https://www.independent.co.uk/life-style/love-sex/seduction/the-great-seducers-928178.html

Wilson, J. (n.d.). Social Psychology: The Seduction of Consumers. https://pdfs.semanticscholar.org/be16/b695b47eee8f82e5af8ac3da2589d76b2799.pdf

Woman Knows: 12 Tricks That Men Use to Seduce Women. (n.d.). http://www.womanknows.com/understanding-men/news/71/

Woman Knows: Playboys: Uncovering the Mystery. (n.d.). http://www.womanknows.com/understanding-men/news/316/

Yohn, D. L. (2016, March 9). To Win Customers, Stop Selling And Start Seducing. https://www.forbes.com/sites/deniselyohn/2016/03/09/to-win-customers-stop-selling-and-start-seducing/#443e2ed451c1